100 IDEAS

IDEAS

para

REALIZAR

JUEGOS

e625
.com

100 IDEAS PARA REALIZAR JUEGOS
e625- 2024
Dallas, Texas
e625 ©2024 por e625

Editado por: **e625**

Diseño Interior: **JuanShimabukuroDesign**

ISBN: 978-1-954149-59-5

IMPRESO EN ESTADOS UNIDOS

100 IDEAS para REALIZAR JUEGOS

COLABORADORES

RICH BROWN

ELISA SHANON

Y MIEMBROS DEL EQUIPO
DE RECURSOS
DE E625.COM

PRESENTACIÓN IMPORTANTE

¿Quién no necesita ideas? Todos las necesitamos. Ideas frescas, excéntricas, inolvidables y osadas, y sobre todo cuando el propósito es cautivar a un grupo selecto de personas con las verdades eternas de Dios.

La creatividad es un regalo del cielo, y una gran noticia que tenemos para darte es que *la creatividad de otros también puede ser tu creatividad.* ¿Quién lo sabe todo de manera instantánea? Solo Dios. Los demás aprendemos compartiendo ideas unos de otros, y de eso se trata este libro y esta serie (este libro es parte de otros materiales de este estilo).

La creatividad se aprende, demanda trabajo y planificación, y además requiere algo de desinhibición cognitiva, fe y amor. ¿Por qué amor? Porque si te desespera que tu público aprenda es porque lo amas, y cuando lo amas no tienes tantas trabas emocionales y excusas para no usar la creatividad y exponerte a hacer cosas diferentes.

EL GRAN PORQUÉ

El punto de usar la creatividad en el ministerio no es ser creativos sino eficaces y fieles y lograr lo que Dios puso en nuestras manos para alcanzar. Yo me resisto a esa idea antibíblica de que si es espiritual es aburrido, y si es aburrido es porque es espiritual. ¿Por qué «espiritual» no puede ser emocionante? Lo emocionante es divertido, atrapa y seduce, y para eso usamos la creatividad. Nuestras actividades deben dejar en claro que no hay nada más emocionante que estar en la voluntad del Dios que nos escogió para una vida abundante (Juan 10:10) que sea catalizadora de su gracia (Efesios 2:10).

De manera aislada, casi todas estas ideas pueden hacerte creer que tu tarea es hacer algo espectacular para que tu público crea que eres espectacular, pero que ese fuera el fin sería un despropósito. El objetivo de cada idea está anclado en la pedagogía: usamos estas ideas para enseñar, no siempre y no todas para dar una clase bíblica —porque también es bíblico trabajar en las relaciones, como vemos en Marcos 3:14—, pero sí por amor a la tarea que tenemos entre manos y a las personas a las cuales servimos.

DE LAS IDEAS A LA ACCIÓN

Quienes trabajamos en este libro no conocemos a tu público como tú, lo cual quiere decir que todo lo que leas demanda una adaptación y también un plan de ejecución. En muchas ocasiones, el *timing* (o, dicho en español, 'encontrar el tiempo oportuno') define el resultado de una idea más que la idea en sí misma. Lo que sabes de tu público determina si una idea es realizable o no con ellos —aunque a veces igualmente puedes sorprenderte—.

Las ideas no tienen pies, manos u ojos, pero tú sí, así que no es que las ideas «trabajan» o no, sino que nosotros debemos trabajar para que las ideas lleguen a la acción.

Planea con anticipación, ya que *creatividad* no es sinónimo de *espontaneidad*. Si la idea requiere materiales, lo primero es conseguir los materiales; si la idea demanda cómplices, prepara de antemano a los cómplices de la mejor manera posible.

Calendariza las ideas, porque si esperas a la situación ideal para realizarlas es posible que nunca vayan a suceder (eso no quiere decir que no busques el tiempo oportuno como ya dijimos, pero *oportuno* no es sinónimo de *perfecto*).

LO VERDADERAMENTE SAGRADO

Por último, te recuerdo que prácticamente ninguna de las actividades que hacemos en el ministerio son sagradas: lo sagrado es la Palabra de Dios y las personas a las cuales servimos. Los horarios, comportamientos y costumbres son detalles de los usos de cada contexto; ni siquiera el templo es sagrado porque Dios no habita ahí (Hechos 17:24). Ni el horario de la reunión, la manera de sentarse o el orden de actividades están en la Biblia, lo cual quiere decir que Dios te dio libertad creativa para implementar distintas ideas de cara a la misión de hacer discípulos (Mateo 28:18); claro que debemos ser sensibles a lo que nuestra comunidad interpreta de cada costumbre (Romanos 14:1-2) y al hecho de que siempre debemos estar seguros de no ser cómplices de rebeldía barata o de bajar los estándares de moralidad. Con sentido común, en todo se puede innovar para ser cada vez más fieles a la tarea que Dios puso en nuestras manos.

¡Ánimo en Jesús!

Dr. Lucas Leys
Autor, fundador de e625.com

CONTENIDO

TU LISTA DE IDEAS

IDEAS
DE JUEGOS

para
rompehielos

1. ¡PEINA, LIMPIA Y CUENTA!

Esta es una competencia realmente extraña que romperá el hielo con una multitud. Necesitarás muchos peines de plástico baratos, hojas de papel de periódico y mesas o espacios abiertos. Divide a los alumnos en grupos de no más de cuatro integrantes. Entrégale un peine a cada alumno (o que utilicen su propio peine limpio). Diles que 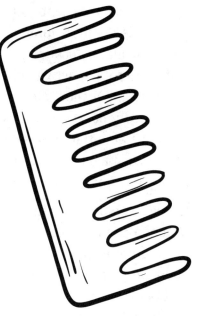 se peinen el pelo diez veces. A continuación, vacíen el peine y cuenten el número de pelos. El equipo que produzca más pelos en las cuarenta pasadas totales gana la competencia. Da las órdenes: «¡Peina! ¡Limpia! ¡Cuenta!».

Este es un buen comienzo para un estudio sobre Sansón en Jueces 16, la mujer de Lucas 7:36-50 que limpió los pies de Jesús con su propio cabello, u otros versículos con referencias al cabello. O simplemente hazlo para divertirte.

2. HAZ LO QUE YO HAGO

Prepara vasos pequeños descartables y jarras de agua. Hay que llenar los vasos con un poco de agua (aproximadamente un cuarto de vaso). Puedes hacerlo de distintas formas. La primera es llenarlos de antemano, colocarlos en bandejas y repartirlos justo antes de la actividad. Otra forma sería llenar los vasos de antemano, colocarlos en una mesa cerca de la entrada y hacer que los estudiantes elijan un vaso con agua al entrar en la sala. También puedes darle un vaso a cada alumno y luego servir en el momento el agua con las jarras.

Reúne al grupo y entrégale a cada uno un vaso pequeño con un poco de agua. Diles que vas a hacer un brindis para conmemorar algo, y que habrá un premio especial para quien haga el brindis exactamente igual que tú. Diles que repitan todo lo que tú hagas. Toma tu vaso de agua, levántalo en el aire y di: «Un brindis». Ellos repetirán la frase. Continúa: «Por todos los presentes» (mueve tu vaso hacia la izquierda). Deja que te imiten. Luego di: «Y por todos los que están en casa» (mueve tu copa hacia la derecha). Que repitan. «Y por el futuro» (vuelve a mover tu taza hacia delante). Ellos harán lo mismo. A continuación, di: «¡Hasta el fondo!», y vierte el agua en tu boca, pero en lugar de tragarla, retén el agua en la boca. Baja la mano con el vaso como si hubieras terminado el brindis y te hubieras «tragado» el agua.

Espera a que el público haga lo mismo. Cuando hayan terminado, escupe el agua de nuevo en el recipiente (como si fuera el verdadero final del brindis). Todo el mundo habrá tragado ya su agua y será demasiado tarde para hacer nada al respecto. ¡No hay ganadores!

3. PATO, CHANCHO, VACA

Esto funciona mejor con grupos de más de 30 personas. Un tercio de tus alumnos serán patos, otro tercio chanchos (cerdos) y el otro tercio vacas. Diles que el objetivo de este juego es hacer los sonidos de sus animales tan fuerte como puedan y encontrar a los otros estudiantes que sean el mismo tipo de animal. La consigna es que lo hagan en la oscuridad. Apaga todas las luces y diles que caminen haciendo sus sonidos y localizando a los otros miembros del grupo que realicen el mismo sonido. Cuando encuentren a alguien que haga el mismo sonido, formarán un grupo. Ese grupo permanecerá unido y seguirá buscando a más personas que hagan lo mismo. Después de varios minutos, diles que vas a encender la luz y que se sienten con su grupo. Gana el grupo más numeroso. Asegúrate de hacer esto en total oscuridad ¡o con una luz estrobo! (que emite destellos).

Variantes: utiliza diferentes animales y sus sonidos. Inventa sonidos nuevos e inusuales. Asígnales nombres o colores de alimentos o caramelos y pídeles que griten su alimento/caramelo/color hasta que encuentren sus grupos.

4. BUSCA Y FIRMA

Esta actividad puede comenzar antes de que empiece la reunión, mientras los alumnos van entrando y pasando el rato. Prepara fotocopias de una hoja de información

llamada «Busca y firma» que aplique para tu grupo. Ten una copia para todos los miembros del grupo y suficientes bolígrafos o lápices disponibles. A medida que vayan llegando los alumnos, entrégales la hoja. Diles que consigan tantas firmas de otros estudiantes como puedan. La persona con más firmas gana. Recuérdales que solo deben firmar el papel de otro si han realizado la actividad honestamente. Cuando empiece la reunión, recoge todos los papeles y pídele a un adulto que determine quién es el ganador.

Modelo de hoja:

Busca y firma

TU NOMBRE:

Encuentra al menos una persona para cada una de las siguientes categorías y haz que cada una firme al lado de la frase que la describe.

ENCUENTRA ALGUIEN QUE ...

Ha estado en Europa

Está en el primer año de secundaria

Nació en otro país

Viste de morado

Tiene un disco de los Beatles

Sabe jugar ajedrez

Ha visitado 3 o más países

Anoche comió una hamburguesa

Ganó un concurso deportivo

Sabe silbar

Odia el chocolate

5. GORILA, PISTOLA, KARATE

Esta es una variante del juego «Piedra, papel o tijera». Deberás escribir las siguientes palabras para que los estudiantes puedan leer. «El gorila mata a karate (pura fuerza), karate mata a pistola (patea la pistola fuera de las manos del tirador), pistola mata a gorila (más rápido que un gorila)». Pídele a cada miembro del grupo que busque un compañero. Se colocan espalda a espalda con su compañero y esperan la señal del líder. Cuando el líder grite «AHORA», los alumnos deben darse la vuelta rápidamente y representar una de las frases. Para el gorila, adoptan una postura de gorila y gruñen.

Para la pistola, apuntan con el dedo y gritan «bang».
Para el karate, deben adoptar una postura de karate
y gritar «¡yaaa!». Una vez hecho esto, mira la lista
para ver quién ha ganado. Los perdedores se sientan
y los ganadores buscan un nuevo compañero. Así
sucesivamente hasta que quede una sola persona.

6. ETIQUETAS CON EL SEGUNDO NOMBRE

Pídeles a todos
que escriban su
segundo nombre
en una etiqueta
identificadora en
lugar de su primer
nombre y/o apellidos, por los que son conocidos
por todos. Si a algunos les da vergüenza hacerlo,
pídeles que pongan la inicial de su segundo nombre
en la etiqueta. Algunos alumnos no tendrán segundo
nombre, así que diles que se pongan el que quieran.
Dedica el resto de la reunión a utilizar el mayor
número posible de segundos nombres. Pídele a cada
alumno que se refiera a los demás por su segundo
nombre. Incluso diles que utilicen sus segundos
nombres cuando hablen contigo. Para ello, pregúntales
repetidamente: «¿Cómo te llamabas?».

7. CICATRIZ, MUESTRA Y CUENTA

Haz que los miembros del grupo muestren y cuenten sus «historias de guerra» sobre las cicatrices que tengan que se pueden mostrar a todos los presentes en la sala. Compartir las historias de heridas puede ser un momento muy significativo, incluso emotivo. También puede ser simplemente divertido, porque muchas de nuestras cicatrices se deben a errores no intencionales. Sea cual sea el motivo, estos pequeños y breves momentos de intercambio ayudan a los alumnos a conocerse mejor y, por tanto, fomentan un sentimiento de unidad y una actitud de «estamos juntos en esta vida».

8. TRENES

Esto funciona mejor con grupos grandes; de hecho, cuanto más grandes, mejor.

Haz que el grupo forme un círculo amplio. Para empezar, elige a tres o cuatro líderes que serán los «Motores». Estos «Motores» se dirigen a otra persona del círculo, la agarran por los hombros y le preguntan su nombre. Cuando la persona dice su nombre, el Motor salta sobre una pierna y repite el nombre de la persona. A continuación, el Motor salta sobre la otra pierna y dice el nombre de la persona. Él o ella hace esto un total de cinco saltos en cada pierna. Después de la quinta vez, ambos forman un tren de dos

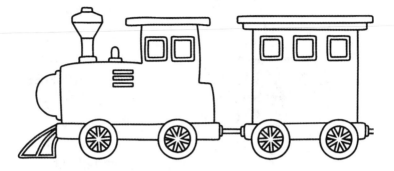

individuos, en el que la nueva persona que se agrega se convierte en el Motor, y estará ahora en la parte delantera. El otro se sujeta a los hombros del nuevo Motor. Los trenes reclutarán a otro alumno nuevo en un lado distinto del círculo y repetirán el proceso. El nuevo Motor preguntará el nombre del personaje, lo repetirá mientras salta cinco veces, y la nueva persona que se añade se convierte en el Motor del tren. Al cabo de unos minutos, se formarán enormes trenes de alumnos que corren alrededor de otros.

9. ¿QUÉ ES IMPORTANTE?

Este juego siempre provocará la participación total de los alumnos. Sienta a los estudiantes en círculo, preferiblemente en el suelo. Repártele a cada estudiante diez fichas (o trozos de papel) de 7x12 centímetros (3x5 pulgadas) y un bolígrafo o un lápiz. Pídele a cada uno que escriba las diez cosas más importantes de su vida, una por tarjeta, por

ejemplo: mi familia, Dios, mi perro, mi Biblia, mi salud, etc. Puedes ayudarles dando algunas sugerencias. Cuando hayan terminado de escribir en las tarjetas, pídeles que las pongan boca abajo, delante suyo, y las barajen de modo que no tengan ni idea de qué tarjetas están en qué lugar de la pila. No dejes que miren lo que hay escrito en los papeles una vez barajadas. Di algo como: «Los marcianos acaban de llegar a nuestra ciudad. Llegan a sus casas y los retienen a cada uno de ustedes a punta de pistola láser, exigiendo que entregues las tres primeras cartas del montón». Sin mirarlas, deben quitar las tres cartas superiores. «Ya no las tienes. Los marcianos te lo han quitado». Habrá muchos gemidos y lamentos por parte de los jóvenes, y no querrán renunciar a algunas de las cosas que los marcianos les han quitado. Pídeles que lean sus cartas para sí mismos mientras lanzan las cartas de una en una al centro del círculo. Pídeles que echen un vistazo a las siete fichas que aún conservan.

Diles algo como: «Justo cuando estás superando el shock de la pérdida de esas tres cosas, una banda itinerante de plutonianos llega a tu puerta. Te exigen dinero, pero no tienes. Te dicen: «Danos dos objetos de tu elección y no incendiaremos tu casa». Ahora, mirando las cartas que te quedan, elige dos de tu elección y lánzalas al centro de la habitación. Después de darles tus dos objetos, te dejan en paz. Ahora, pídeles que vuelvan a barajar las cartas boca abajo.

Sigue por el mismo camino, alternando entre descartar las cartas según su elección o sin mirarlas. Inventa cada vez otra historia (catástrofes naturales, ladrones, etc.).

Detente cuando a los alumnos solo les quedan dos cartas y hazlos elegir entre las dos. Esta actividad puede servir para comenzar una plática acerca de las prioridades o sobre la ilusión que nos produce el control que tenemos sobre nuestras propias vidas, o sobre lo cómoda que es nuestra vida en comparación con las de la gente del resto del mundo. Esta actividad puede dar lugar a que los alumnos exploren lo que se siente al experimentar una pérdida desastrosa. También les ayuda a fijarse en lo que tiene un valor duradero frente a las cosas que son menos importantes.

10. ¿QUIÉN SOY?

Escribe en diferentes hojas de papel los nombres de personas famosas y prende una en la espalda de

cada persona, sin dejarle ver cuál es el nombre que le estás poniendo. Es decir, el que tiene el cartel no podrá verlo, pero sus compañeros sí. Cada persona con un cartel debe hacerles preguntas del tipo «sí o no» a otros participantes, para que le ayuden a adivinar quién es él o ella. La primera persona que adivine correctamente es la ganadora; la última, es la perdedora.

11 TIRAR LA TOALLA

Este es un rompehielos activo, especialmente para los alumnos más jóvenes.

Haz que todo el grupo forme un gran círculo y se siente. Elige a un participante para que se siente en el centro. Entrégale una toalla a uno de los cinco chicos que están sentados en el círculo. Cuando digas «ya», el que tiene la toalla debe tirarla hacia el otro lado del círculo. La consigna es que la toalla siempre debe pasar por arriba o por el costado del que está sentado en el centro. Si la persona que está en el centro atrapa la toalla, el que la lanzó irá ahora al centro en su lugar. Este es un juego rápido y lleno de acción que puede durar el tiempo que quieras.

Variante: también puedes añadir variaciones, como utilizar dos toallas, o una pelota y una toalla, o una pelota y una camiseta. ¡Usa tu imaginación!

MIS IDEAS

_____

_____

_____

_____

_____

_____

_____

_____

_____

_____

_____

_____

_____

_____

_____

_____

_____

_____

_____

_____

_____

_____

MIS IDEAS

IDEAS
DE JUEGOS

con globos

12. RELEVO: ¡PASA EL GLOBO!

Para este juego hay que armar dos o más equipos, según la cantidad de participantes. Cada equipo forma una fila (cola) sencilla. Los jugadores deben alinearse lo más juntos posible. Luego deben separar un poco las piernas para que pasen un globo entre ellas, golpeándolo con las manos y pasándolo a lo largo de la fila, por entre las piernas. Esto no es fácil si todos los chicos están parados muy juntos. La persona 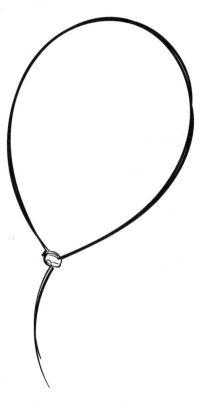 que está al frente de la fila comienza a pasar el globo hacia atrás y cuando llegue al último jugador, este corre y la lleva al frente y se coloca en esa posición en lugar de su compañero. El juego continúa hasta que cada participante vuelve a estar en las posiciones originales.

13. REVIENTA LOS GLOBOS

Cada jugador debe atarse un globo a la cintura, de tal manera que quede colgando por detrás, a modo de rabo. El juego consiste en tratar de reventar el globo de los demás con un periódico enrollado, sin dejar que nadie reviente el tuyo. Ganas si eres la última persona con un globo inflado. Solo se permite usar periódicos como armas para reventar los globos.

14. CUIDA TU GLOBO

Pídeles a los estudiantes que inflen un globo y lo aten a su tobillo con un hilo. Ellos deben tratar de pisar y reventar el de los demás, mientras mantienen el suyo inflado. Gana la última persona con un globo inflado.

Pueden intentar el mismo juego usando una luz intermitente (las que destellan de forma rápida, dando la impresión de que todo se mueve muy lento).

Puedes convertirlo en un juego entre equipos usando colores, para lo que necesitarás muchos globos de distintos colores. Divide al grupo en equipos y asígnale un color a cada uno: rojo, verde, naranja, amarillo, etc. Dale a cada equipo la misma cantidad de globos de su color. Por ejemplo, dale al equipo rojo veinte globos rojos. Lo primero que deben hacer es inflar todos los globos. Prepara un marcador de dos o tres minutos. Cuando comience el juego, todos los equipos deben soltar sus globos en el piso y el objetivo es tratar de pisar y reventar todos los globos que no son de su equipo, mientras tratan de proteger los de su color. Cuando se termine el tiempo, no se pueden reventar más globos y cada equipo recoge los que quedaron sin reventar de su respectivo color. Gana el equipo que tenga la mayor cantidad de globos sanos.

15. BUSCA TU PAREJA EN EL GLOBO

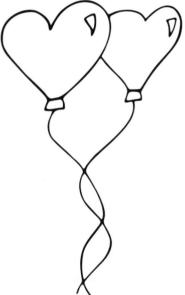

Esta es una forma muy creativa de poner a los jugadores en parejas para competir. La mitad de las personas del grupo escriben sus nombres en papelitos y luego los meten dentro de unos globos (un solo nombre por globo). Infla los globos y amárralos. La otra mitad del grupo toma un globo al azar, lo revienta y se empareja con la persona que dice el papelito que está dentro del globo. Este juego es por tiempo; deben hacerlo a toda velocidad. Pierde la última pareja en emparejarse.

16. RELEVO: CAÍDA DE GLOBOS

Para este juego necesitarás cuarenta globos inflados y dos o más equipos, cada uno con un «lanzador» (persona que deja caer los globos) parado en una silla. Coloca los globos en una caja, acomoda a los equipos en filas a cada lado de las cajas, para comenzar.

El objetivo es pasar el globo hacia la parte trasera lo más rápido posible. Antes de comenzar la competencia, cada lanzador se para en su silla, con un globo en sus manos listo para soltarlo. Dos jugadores del equipo deben estar sentados en el suelo, espalda contra espalda, delante del lanzador, dejando espacio entre ellos para que caiga el globo. La pareja se para con cuidado, manteniendo el globo entre sus espaldas, y se las arregla para llevar el globo al otro extremo, a la parte trasera, y echarlo en la caja. Una vez echado el globo en la caja, se quedan en la fila (uno a cada lado) al final, y los segundos de cada lado pasan a ocupar el primer lugar.

Entonces, el lanzador suelta otro globo a la siguiente pareja y así sucesivamente hasta que todo el equipo haya pasado y lleguen a retomar las posiciones iniciales. Si el globo se revienta o se cae al piso antes de llegar a la meta, la pareja tiene que regresar a la línea de partida y empezar otra vez. El lanzador puede soltar tantos globos como sean necesarios hasta que coloque uno en la posición deseada por la pareja.

¡Este relevo resulta divertido tanto jugarlo como mirarlo!

Relevo: Caída de globos

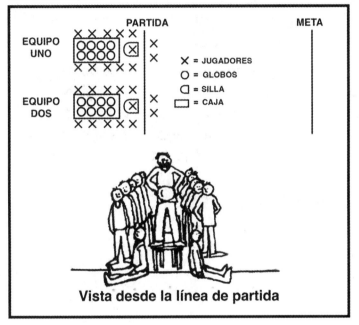

Vista desde la línea de partida

17. DEJA VOLAR EL GLOBO

Divide al grupo en equipos y entrégale a cada jugador un globo desinflado. Organiza los equipos para un relevo, con una línea de meta a unos 4 o 5 metros (15 pies) de distancia. Cuando des la señal, la primera persona de cada equipo infla su globo y luego lo suelta, sin hacerle un nudo o amarrarlo. El globo volará por los aires. Esa persona se mueve hasta el punto donde aterrice el globo, luego debe volver a inflar el globo y soltarlo. El propósito es llevar el globo hasta la meta, correr hacia atrás y tocar al próximo jugador de su equipo, que hace lo mismo hasta que termine el relevo.

El juego es realmente una locura porque no hay forma de predecir dónde va a aterrizar el globo. Es particularmente divertido e interesante cuando se juega al aire libre, ya que hasta la más mínima brisa puede llevar el globo en una dirección diferente.

18. ABANICA EL GLOBO

Cada equipo recibe un globo inflado y un abanico (o un pedazo de cartón). A la señal, un jugador de cada equipo empieza a abanicar el globo, sin tocarlo, y debe llevarlo hasta la meta y regresar a la fila.

El globo no puede tocar el piso; si lo toca pierde y vuelve a iniciar. Después de llegar al final, el jugador le pasará su abanico al siguiente jugador de su equipo. Los jugadores se pasarán el abanico hasta que el primer equipo termine de llevar sus globos a la meta y se declare ganador.

19. GLOBOS Y CREMA DE AFEITAR

En la próxima actividad en la que quieras hacer un divertido desorden, llena varios globos grandes con crema de afeitar. Haz dos equipos y haz que se lancen los globos entre ellos. El juego no tiene necesariamente que tener puntuación, es solo para pasar un buen rato. También puedes rellenarlos con crema batida o cualquier otra cosa que venga en una lata presurizada. ¡Todo lo que necesitas es paciencia para llenar los globos y luego para limpiar!

20. GLOBOS PEGAJOSOS

Pídeles a los participantes que hagan equipos de dos y formen una fila detrás de una línea a un lado del salón. Dispersa globos inflados al otro lado del salón. Dale a cada pareja un rollo de cinta adhesiva (*masking tape*) y diles que cuando digas «¡ya!» deben poner la cinta adhesiva alrededor de la cintura del que cumpla años más cerca del día en que estén haciendo el juego. Es decir, uno será el «enrollado» y el otro será el «enrollador». El equipo debe usar todo el rollo de cinta adhesiva y poner la parte pegajosa hacia fuera. Es decir, el participante tiene que quedar todo envuelto y cubierto con cinta desde la cadera hasta el pecho (sin ajustar demasiado que le afecte la respiración).

Cuando la cinta adhesiva se haya acabado, los jugadores con la cinta adhesiva en la cintura deben caminar como «cangrejos» (¡en cuatro patas y marcha atrás!) hacia los globos y traerle tantos como pueda a su compañero que lo espera en la línea de salida. Importante: no puede usar las manos. El compañero que está esperando debe reventar los globos y conservar el anillo de *látex* (por donde se infla) para verificar el número de globos capturados. Los que se exploten en la cinta adhesiva no cuentan. La pareja con más anillos de globo es la ganadora.

Este es un juego que vale la pena grabar en video. Los chicos terminan tan mareados luego de darle vueltas a su compañero/a para enrollar la cinta adhesiva, que pasan mucho trabajo terminando la carrera.

21 GLOBO Y TALCO: ¡PELIGRO!

¿Recuerdas el juego en el que dos equipos jalaban una cuerda mientras estaban parados en un charco de

lodo? Esta es la misma idea, excepto que el castigo para los que pierden no es el lodo, sino un globo lleno de talco que te explota en la falda.

Reúne los siguientes materiales:

- Dos mangueras plásticas de 2 cm (3/4 de pulgada) de diámetro por un metro y medio (5 pies) de largo aproximadamente.

- Dos globos grandes por ronda (los del tipo resistente)

- Polvo o talco

- Cinta adhesiva resistente

- Dos sillas

- Dos pares de anteojos de seguridad

- Dos voluntarios

Llena los globos de talco hasta la mitad de su capacidad. A cada manguera ponle un globo y séllalo con la cinta adhesiva resistente para que el aire no se salga ni el globo salga volando. Sienta a los chicos en las sillas, dándose la espalda. Dale a cada jugador el extremo de la manguera para que soplen, y pega con cinta adhesiva, al muslo del oponente, el extremo donde está el globo (asegúrate de que lo que estás pegando al muslo es el tubo y no el globo). Ambos deben soplar a la cuenta de tres. El ganador es... el que no quede todo blanco.

MIS IDEAS

_____

_____

_____

_____

_____

_____

_____

_____

_____

_____

_____

_____

_____

_____

_____

_____

_____

_____

_____

_____

_____

_____

MIS IDEAS

_____

_____

_____

_____

_____

_____

_____

_____

_____

_____

_____

_____

_____

_____

_____

_____

_____

_____

_____

_____

_____

22. DR. ENREDO

Pídele a tu grupo (no importa de qué tamaño sea) que formen un círculo y se tomen de las manos. Uno de los jugadores debe salir del salón. Sin soltarse las manos, pídeles a los jugadores que pasen por debajo y por encima de los brazos de los otros jugadores. Cuando el grupo esté todo enredado, llama a la persona que está afuera y dile que trate de desenredar el nudo sin que el grupo se suelte de las manos.

23. CONOZCO ESA VOZ

Sienta a todo el grupo en sillas acomodadas en forma de círculo. Un participante debe permanecer de pie en el centro. Véndale los ojos y dale un periódico enrollado. Él o ella dará vueltas mientras todo el mundo se cambia de sillas. Todos los  jugadores tienen que estar en silencio. Entonces el de los ojos vendados trata de encontrar a otro jugador solo usando el periódico para tantear.

Cuando encuentre a un jugador, le hará una pregunta. El jugador responderá a la pregunta honestamente, pero tratando de cambiar su voz. Tanto la pregunta como la respuesta puede repetirse hasta dos veces. La persona con los ojos vendados debe tratar de adivinar quién es el que está contestando. Si la identifica correctamente en tres o menos intentos, entonces cambia de posición con el que está sentado; de lo contrario, busca otro y lo intenta otra vez.

24. ¡UN PÁJARO EN EL ÁRBOL!

Pídeles a los jugadores que busquen una persona del sexo opuesto y formen una pareja mixta. Luego se ubican en dos círculos concéntricos. Las parejas deben estar una frente a la otra (ver diagrama).

Cuando suene el silbato (o la música), el círculo exterior se mueve a favor de las manecillas del reloj (hacia la derecha), mientras que el círculo interior se mueve en la dirección opuesta (hacia la izquierda). Cuando el líder grita: «¡Un pájaro en el árbol!», los jugadores del círculo exterior se detendrán y levantarán sus brazos al aire. Entonces los del círculo interior

correrán a buscar a su pareja y levantarán los brazos cuando estén frente a ellos. La última pareja que se encuentre se elimina del juego. El juego termina cuando solo queda una pareja.

Si el número de hombres y mujeres es disparejo, pueden simplemente formar pares sin importar el género.

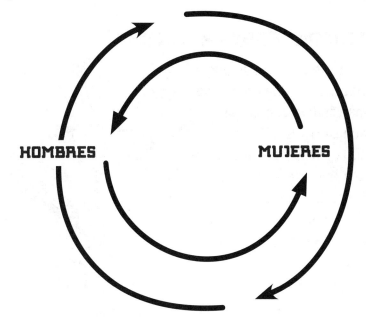

HOMBRES   MUJERES

25. PLUMA VOLADORA

Estira una sábana en el suelo. Forma cuatro equipos. Pídeles a los jugadores que se arrodillen alrededor de la sábana, sin pisarla con las rodillas, y que luego la tomen por los bordes. Cada lado de la sábana es un equipo. Deben estirar la sábana hasta que quede tensa y luego sostenerla entre su mentón y pecho. Coloca una pluma en la sábana. Los jugadores tratarán de soplar la pluma lejos de su lado de la sábana. Si la pluma toca a uno de los miembros del equipo o vuela por encima de sus cabezas, ese equipo recibe un punto. El equipo con menos puntos es el ganador.

26. OLIMPIADAS BAJO TECHO

Para estos juegos se puede trazar una línea en el piso, marcándola con cintas adhesivas de colores o tizas, como para que exista una línea de lanzamiento. O podría hacerse como un segundo nivel de dificultad; empezar sin línea y luego trazarla en una segunda instancia.

Lanzamiento de disco. Dale a cada estudiante un plato de plástico o de cartón. Ponlos a todos en línea. Cada participante debe dar dos vueltas y un paso, y luego lanzar el plato de papel lo más lejos posible, como en las olimpiadas.

Lanzamiento de martillo. Infla bolsas grandes de papel y átalas con un hilo, dejando una tira para lanzarlas. Los competidores deben girar la bolsa sobre sus cabezas varias veces antes de lanzarla lo más lejos que puedan.

Lanzamiento de jabalina. Los competidores deben dar tres pasos grandes y lanzar un palillo de dientes (o picadientes) lo más lejos posible.

27. ENCUENTRA AL ÁRBITRO

Dos jugadores vendados se paran en el centro del salón (el resto de los participantes miran, o abuchean para confundir). Uno es el árbitro y el otro es el bateador. Entrégale al árbitro un silbato, y al bateador un periódico enrollado. Cada cinco segundos el árbitro debe hacer sonar el silbato y el bateador debe tratar de ubicarlo para pegarle con el periódico (en un lapso de dos minutos). En algún momento quítale la venda de forma secreta a uno de los dos jugadores.

28. EL REY DEL CÍRCULO

Dibuja en el piso un círculo grande, de aproximadamente tres metros (diez pies) de diámetro, y pide que más o menos una docena de jugadores entren en él. A la señal, cada jugador trata de sacar a otro del círculo sin que él o ella mismos salgan, es decir, evitando que lo empujen fuera. La última persona que queda dentro del círculo es la ganadora.

29. El ASESINO

Este es un excelente
juego para reuniones
casuales. Coloca en
un sombrero un trozo
de papel por cada
jugador. Escribe la
palabra «detective»
en uno de los

papelitos y «asesino» en otro. Deja el resto en blanco.
Todos los participantes deben sacar un papelito del
sombrero. El jugador que saque el que dice «detective»
debe identificarse y es su tarea tratar de identificar al
asesino, que permanece en silencio. A partir de este
momento pueden jugar el juego de dos maneras:

- El detective sale del salón y apaga la luz. Los
  jugadores comienzan a caminar por todo el salón
  y el asesino se para silenciosamente detrás de
  alguien y le susurra al oído: «Estás muerto». La
  víctima cuenta hasta tres, grita y se cae al suelo.
  Enciendes las luces y el detective regresa al salón.
  Entonces el detective interroga a los jugadores
  por un minuto aproximadamente antes de intentar
  adivinar quién es el asesino. Si acierta, el asesino
  se convierte en el detective y seleccionas un nuevo
  asesino. Durante el interrogatorio, solo el asesino
  puede mentir. Todos los demás deben decir la
  verdad sobre lo que vieron, oyeron o sintieron.

- El detective permanece en el salón y el asesino trata de «matar» a la mayor cantidad de víctimas posibles (en la manera descrita arriba) antes de que el detective lo atrape. El asesino recibe puntos por cada jugador que pueda matar antes de que lo descubran, y se le descuentan puntos al detective cada vez que haga un intento incorrecto por adivinar quién es el asesino. Todos los jugadores deben tener la oportunidad de ser el detective y el asesino. El juego resulta mejor si tienes por lo menos veinte jóvenes.

• **El «pega círculos» misterioso.** Este juego es similar al anterior. Un detective debe descubrir la identidad del misterioso «pega círculos», quien tiene la tarea de pegar etiquetas adhesivas en forma de círculo en la espalda de los otros participantes. Usa un método al azar y secreto para seleccionar al «pega círculos» y entrégale suficientes etiquetas redondas para adherirles a todos los jugadores. El detective trata de hacer tres cosas:

- Dejarle saber a los jugadores que le pegaron un círculo (en caso de que no se hayan dado cuenta).

- Llevar un registro de todos los participantes que han sido víctimas del «pega círculos» (en caso de que las etiquetas se caigan en el transcurso de la noche), en un pizarrón o cuaderno.

- Identificar al «pega círculos».

Este juego puede jugarse mientras se están desarrollando otras actividades. Si se identifica al «pega círculos», puedes seleccionar secretamente a otro detective y a otro «pega círculos», y el juego continúa. El objetivo es que el «pega círculos» le pegue círculos a la mayor cantidad posible de jugadores antes de que el detective lo identifique.

30. PÁSALO

Todo el grupo debe formar un círculo. Todos los jugadores reciben un objeto que puede tener cualquier tamaño o forma (una pelota, un cesto de basura, una libreta, un zapato, una silla, etc.). Al dar la señal, los participantes les pasan sus objetos a la persona que le quede a la derecha, manteniendo todo el tiempo los artículos en movimiento. Si una persona deja caer un objeto, debe salir del juego, pero el objeto continúa en carrera.

Mientras el juego sigue su curso y más personas van saliendo, se va haciendo más y más difícil evitar dejar caer un objeto, porque la cantidad de artículos es mayor que la de jugadores y no cabe en las manos. El ganador es el último que deje caer un artículo.

31. CARRERA DE PIES MOJADOS

Divide el grupo en equipos de seis jugadores cada uno. Todos los jugadores deben acostarse boca arriba en círculo y juntar sus pies en el centro. Luego hay que colocar un recipiente con agua sobre los pies de todos los jugadores, en cada uno de los equipos (pide ayuda para hacerlo simultáneamente). El objetivo del juego es que todos los integrantes de cada equipo se quiten los zapatos, uno a uno, sin que se derrame  el agua del recipiente. El equipo debe descubrir su estrategia para mantener el equilibrio del recipiente. El que tenga la mayor cantidad de jugadores sin zapatos en un período de cinco minutos es el equipo ganador.

32. MÍMICAS CANTADAS

Divide el grupo en equipos (la cantidad de integrantes de cada uno dependerá del total de jóvenes que tengas). Cada grupo envía a uno de sus jugadores al centro del salón y el líder del equipo les dice el nombre de una canción (sin que los demás participantes lo oigan). Entonces cada jugador regresa a su equipo con una hoja de papel y un lápiz e intenta hacer un dibujo que describa lo mejor posible la canción. El artista no puede decir ni escribir ninguna palabra. El resto del grupo trata de adivinar el nombre de la canción y cuando lo hagan, comenzarán a cantarla inmediatamente. El ganador es el primer equipo que cante la canción correcta.

Luego cada equipo enviará a otro jugador al centro del salón. El juego puede repetirse hasta que todos los jugadores hayan participado en el centro o hasta que los líderes deseen parar. Puedes ser muy creativo con las canciones que escojas para hacer más divertida la ocasión.

33. TOQUE DE SUERTE

El grupo se sentará en un círculo en el suelo o en sillas y en el centro habrá un cesto de basura o un balde puesto al revés. Una persona se parará dentro del círculo con un periódico enrollado, no muy apretado, en la mano. Este jugador caminará dentro del círculo y con el periódico tocará la rodilla de otro participante. Enseguida deberá colocar el periódico encima del cesto de basura y regresar a la silla o al espacio de la persona que tocó antes de que él o ella pueda ir al cesto a tomar el periódico y devolverle el golpe. Si el periódico se cae del cesto de basura, el jugador que originalmente estaba en el círculo debe volver a colocarlo en su lugar y volver a empezar.

34. ESPALDA CON ESPALDA

Divide el grupo en parejas y pídeles que se sienten espalda con espalda y se unan usando sus brazos. Luego indícales que se pongan de pie. Con un poco de coordinación, no debe resultar muy difícil. Después combina a dos parejas. Pídeles a las cuatro personas que se sienten espalda con espalda y se unan usando sus brazos. Dale instrucciones de pararse. Es un poco más difícil con cuatro jugadores. Sigue añadiendo parejas al grupo hasta que ya no puedan pararse.

35. MALVAVISCO SANGRIENTO

Pon a los chicos y chicas en grupos de a dos. Cada miembro de la pareja debe pararse aproximadamente a tres metros (diez pies) de distancia, mirándose de frente. Cada uno recibe cinco malvaviscos (*marshmallows*) y un vaso lleno de kétchup (cátsup) o mermelada de fresa, si así lo prefieres. De a uno a la vez, cada persona sumerge un malvavisco en el kétchup y trata de arrojarlo a la boca de su compañero, quien tratará de atraparlo con la boca. Gana la pareja que logre recoger la mayor cantidad de malvaviscos.

36. CURIOSIDADES ECLESIÁSTICAS

Divide el grupo en equipos (o se puede competir de forma individual) y entrégales una lista de preguntas sobre datos poco usuales en la iglesia para que las identifiquen. He aquí algunos ejemplos:

- El nombre de la compañía que fabricó el extinguidor de incendios de la iglesia.

- La cantidad de escalones de la plataforma.

- La cantidad de fusibles que hay en la caja.

- Lugar donde se encuentra el estuche de primeros auxilios.

- La última palabra de un libro específico en la biblioteca de la iglesia.

- La cantidad de líneas amarillas pintadas en el estacionamiento.

Tu lista debe incluir más o menos veinte preguntas como estas. Da la señal de inicio y todos deberán tratar de encontrar la información que necesitan en el menor tiempo posible. Si juegan en equipos, las preguntas pueden asignarse a diferentes jugadores. El primer equipo en terminar, o el primer jugador con más respuestas correctas, es el ganador.

37. PALILLOS CHINOS

Entrégale palillos chinos (*chopsticks*) a cada equipo, y pídeles que se coloquen de un lado de 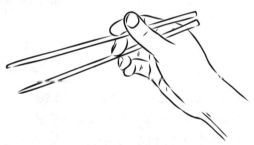 la habitación. Del otro lado habrá comida en un recipiente para cada equipo. Cuando tú lo indiques ellos deberán correr para ver cuál puede comer más rápido usando solo los palillos. La comida puede ser cualquier cosa, desde gelatina hasta maíz.

38. CENICIENTA

Acomoda las sillas en forma de círculo. Todas las cenicientas (las chicas) en el grupo escogen una silla. Asígnale un príncipe (los chicos) a cada cenicienta y pídeles que se arrodillen frente a ellas. Los varones les quitarán los zapatos y los sostendrán en sus manos. El líder después les pedirá los zapatos y los echará en el medio del círculo. Luego las cenicientas les vendarán los ojos a sus príncipes. Después de que cada príncipe tenga los ojos vendados, el líder reacomoda y mezcla los zapatos en el centro del círculo.

A la señal, todos los príncipes gatean hacia los calzados y tratan de encontrar el par de su cenicienta. Las cenicientas solo pueden ayudar verbalmente, gritando pistas a los príncipes. Luego de encontrar el calzado correcto, los príncipes deben gatear de regreso a sus chicas (una vez más, guiados solo por instrucciones verbales). Entonces deben colocarle el zapato (¡en el pie correcto!) y quitarse las vendas de los ojos. El juego continúa hasta que todas las cenicientas tengan puestos sus zapatos.

Si no hay igual cantidad de varones que de mujeres, pueden hacer parejas del mismo género, representando los dos roles.

39. PIES HELADOS

Divide a tu grupo en dos equipos. Pídele a cada equipo que se siente en sillas y acomódalos de modo que ambos grupos queden dándose la espalda y con un espacio de un metro y medio (cinco pies) entre las sillas. El capitán de cada equipo se sienta en otra silla al final de la fila de sillas de su equipo.

A la señal, coloca un cubito de hielo debajo de uno de los pies de cada capitán. El capitán desliza el hielo

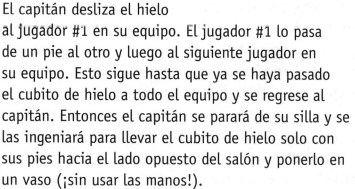

al jugador #1 en su equipo. El jugador #1 lo pasa de un pie al otro y luego al siguiente jugador en su equipo. Esto sigue hasta que ya se haya pasado el cubito de hielo a todo el equipo y se regrese al capitán. Entonces el capitán se parará de su silla y se las ingeniará para llevar el cubito de hielo solo con sus pies hacia el lado opuesto del salón y ponerlo en un vaso (¡sin usar las manos!).

Si se le cae el hielo al capitán, este puede continuar desde el punto donde se cayó, pero si el hielo se derrite o se desliza fuera del alcance mientras el equipo lo está pasando, entonces tienen que empezar otra vez con un cubito de hielo nuevo.

40. ¡ATRAPA LA UVA!

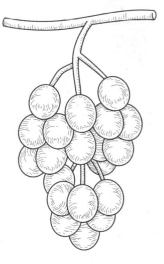

Cada equipo elige a un lanzador. El lanzador recibe una bolsa de uvas. El resto del equipo forma un círculo a su alrededor. El lanzador que está en el centro debe lanzar uvas a todos los miembros de su equipo, de a una a la vez, y cada compañero de equipo debe atraparla con su boca. El primer equipo que logre que todos sus miembros atrapen una uva con su boca será el ganador.

41. ENCESTA EL PAPEL

Divide el grupo en equipos de cuatro a ocho jugadores cada uno. Coloca un cesto de basura o un balde en el centro del salón; este debe medir cerca de un metro de alto (tres pies). Debes tener listos varios bates hechos de papel de periódico y muchas pelotas pequeñas de papel. Usa cinta adhesiva para marcar un diámetro de tres metros (diez pies) contando desde el cesto de basura. Un equipo se acuesta boca arriba alrededor del cesto de basura con los pies hacia afuera.

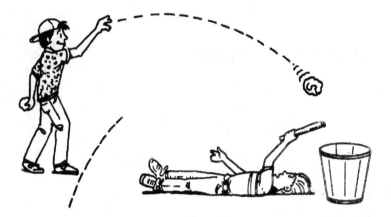

Cada uno de estos jugadores tiene un bate de papel en la mano (puedes usar un periódico enrollado). El equipo contrario se parará alrededor del cesto de basura, detrás de la línea, y tratará de encestar las pelotitas de papel, mientras que el equipo en posición defensiva trata de batearlas con sus bates de papel. El primer equipo tiene dos minutos para tratar de encestar la mayor cantidad de pelotas posibles. Luego de que cada equipo haya tenido la oportunidad de jugar en ambas posiciones, el que haya encestado más es el ganador.

42. NÚMEROS ESCONDIDOS

Tan pronto lleguen tus chicos y chicas, diles que escondiste alrededor del salón (o área de juego) veinte hojas de papel con un número escrito. Los números deben ir del uno al veinte. Pega los papeles en lugares difíciles de encontrar a simple vista como, por ejemplo, en el respaldo de un banco de la iglesia o en una butaca del salón, siempre que no esté en la última fila. Divide a los jugadores en equipos de 2 o 3 personas (o déjalos que busquen todos juntos como equipo). Diles que tienen 10 minutos (o el tiempo necesario dependiendo de la cantidad de números, los jugadores y el tamaño del área de juego) para encontrar las hojas de papel con los números. Puedes pegarlos en el techo, debajo de sillas, dentro de armarios, en una gaveta... Mientras más difícil el lugar, mucho mejor. El ganador es el equipo con la mayor cantidad de puntos (el #1 vale un punto, el #10 vale diez, etc.), así que no sabrán quién es el ganador hasta que regresen todos los participantes.

43. ¡MUÉVETE Y SIÉNTATE!

Acomoda las sillas en forma de círculo de modo que todos los jugadores tengan una. Coloca dos sillas adicionales en el círculo. Cada jugador se sentará en una silla, con excepción de dos personas en el centro que tratarán de sentarse en las dos sillas desocupadas. Las personas que están sentadas tienen que cambiarse de silla en silla para evitar que los dos jugadores en el medio puedan sentarse. Si una o ambas personas en el medio del círculo logran sentarse, el jugador que quede a la derecha lo reemplazará en el centro del círculo y ahora tratará de sentarse en una silla desocupada.

- **¡Muévete y siéntate con una toalla!** En esta variante, mientras los jugadores se mueven de silla en silla, también deben pasar o tirar una toalla enrollada a cualquiera de los participantes que están sentados en el círculo. Si alguno de los jugadores del centro intercepta la toalla, entonces debe cambiar de lugar con la persona que la arrojó. También hay cambio de posición si el jugador que está en el centro del círculo toca a la persona que tiene la toalla en la mano. Para grupos más grandes, añade más personas en el medio, más toallas y más sillas desocupadas.

44. PURA CONFIANZA

Este es el tradicional juego de alcanzar a otro participante y tocarlo, excepto que se juega en pareja. Uno de los jugadores de la pareja está vendado, mientras que el otro debe guiarlo manteniendo sus manos en los hombros del que está vendado y gritando direcciones. El objetivo es que el participante vendado toque a otro también vendado. Para hacerlo aún más difícil, haz que el jugador que no tiene vendas en los ojos le dé direcciones a su compañero sin decir una sola palabra, solo empujándolo y jalando de un lado para otro.

45. DESEQUILIBRADOS

Ni el peso ni la estatura ni el sexo son factores importantes para ganar este juego. Simplemente, pídeles a dos jugadores que se paren uno frente al otro, que levanten las manos más arriba del nivel de sus hombros y luego las junten. Una distancia de 45 a 90 centímetros (18 a 36 pulgadas) puede separar a los jugadores, pero al unir sus manos, deben ser capaces de empujar las manos y los brazos del otro jugador hacia atrás sin mayor dificultad (siempre por encima de los hombros). A la señal, los participantes intentan golpear o empujar las manos del otro para provocar que pierda el equilibrio. El primero que lo pierda o mueva sus pies de posición le cede su lugar al siguiente retador, quien se enfrenta al ganador de esa ronda.

46. ¡SE CAEN LAS PIRÁMIDES!

Divide a tu grupo en equipos de seis jugadores. Cuando lo indiques, cada equipo debe formar una pirámide humana, y completar una misión. El primer equipo en realizar la tarea recibe los puntos. Luego de cada misión, los equipos deben deshacer la pirámide y esperar la señal para comenzar la siguiente misión. Hay distintas formas de pirámides humanas; tú solo da la consiga y espera a ver su creatividad.

Observa los ejemplos de una lista de tareas. Si escribes otras, asegúrate de ajustar la puntuación de acuerdo con la cantidad de jugadores involucrados en la acción.

- Formen una pirámide y canten el himno nacional al unísono (60 puntos).

- El jugador del medio en la línea base de la pirámide debe quitarse los zapatos (20 puntos).

- Los dos jugadores en el segundo nivel deben dar un giro completo (40 puntos).

- El jugador de la izquierda en la segunda línea debe voltearse (dar media vuelta) (20 puntos).

- La persona del medio en la base de la pirámide debe voltearse (20 puntos).

- El equipo completo debe rotar de posición excepto los tres jugadores de la base, que deben quedarse sin moverse) (60 puntos).

47. ALTO VOLTAJE

Para este juego necesitas dos postes (o palos) y una soga (o cuerda). Amarra la soga a los dos postes como a 60 cm (2 pies) del suelo para comenzar.

Divide al grupo en equipos. El objetivo del juego es que todo el equipo pase brincando por encima de la cerca de alto voltaje (la soga) sin electrocutarse (sin tocar la soga). Los jugadores pasan de a uno a la vez.

Luego de cada intento exitoso, la soga se va subiendo poco a poco, como se hace en las competencias de salto regulares. Según avanza el tiempo, los equipos se van eliminando ya que la soga está demasiado alta para que puedan brincarla.

Lo que hace interesante a este juego es que aunque los jugadores pasan sobre la soga uno a la vez, los otros miembros del equipo pueden ayudar de la forma que quieran. Sin embargo, una vez que la persona la salta, debe quedarse de ese lado de la soga y no puede regresar a ayudar a nadie. Así que, la última persona debe cruzar de alguna manera sin recibir ayuda de nadie. El juego exige mucho trabajo de equipo.

Puedes elegir entre eliminar al equipo completo si alguien «se electrocuta» tocando la soga o eliminar a los jugadores de forma individual según se vaya subiendo la soga. Asegúrate de dividir los equipos de manera equitativa de acuerdo con la estatura, edad y sexo.

48. ¡QUÍTATE LOS CALCETINES!

Este es un juego de supervivencia para el que esté más en forma. Es una buena idea si los chicos y las chicas juegan en diferentes rondas. Dibuja un círculo grande en el piso. Todos los jugadores entran al círculo sin zapatos, solo en calcetines (medias). El propósito es quitarles los calcetines a los otros jugadores y mantener las de uno puestos. Una vez que te quitan los calcetines, estás eliminado del juego. Si cualquier parte de tu cuerpo sale del círculo, también serás eliminado. La última persona que quede en el círculo con los calcetines puestos es la ganadora.

49. AL REVÉS

Este juego requiere un gran trabajo de equipo. Puede jugarse en forma de competencia (un equipo contra otro) o como un juego cooperativo (todos en el mismo equipo).

Dibuja dos líneas paralelas en el piso, con aproximadamente 45 cm (18 pulgadas) de separación entre ellas. El equipo hace una fila dentro de las líneas. Asígnale un número a cada jugador: uno, dos, tres, cuatro, etc. hasta llegar al final.

A la señal, los jugadores deben invertir el orden sin salirse de las dos líneas paralelas. Si hay veinte jugadores en el equipo, entonces el jugador número uno debe cambiar de posición con el jugador número veinte, y así sucesivamente. Solo el que ocupe la posición del medio se mantiene en el mismo lugar. Terminarán con la fila comenzando por el extremo en que antes terminaba.

Permite que los equipos practiquen una vez e inventen una estrategia para hacer esto rápida y acertadamente. Luego compitan por tiempo, o busca el equipo que puede hacerlo más rápido. Los árbitros pueden penalizar a un equipo (añadiendo segundos a su conteo), cada vez que un jugador se sale de cualquiera de las dos líneas.

50. «GRAN PRIX» EN MINIATURA

Si alguien en tu grupo tiene uno o dos carritos (autitos) de control remoto, pídelos prestados para este juego. Marca una pista de carreras alrededor del salón (¡sé lo más creativo  que puedas!) y deja que los chicos y chicas tomen turnos para maniobrar el carro por la pista en el menor tiempo posible. Ten un cronómetro a la mano y añade segundos de penalidad por tumbar objetos, salirse de la pista, etc. Algunos jugadores se van a tomar muy en serio este juego.

51. GÁRGARAS MUSICALES

Entrégale a todo el mundo un vaso de cartón lleno de agua y pídeles que hagan gárgaras siguiendo el ritmo de varias canciones cuando des la señal («Feliz Cumpleaños», «Cuán grande es Él», el himno nacional o cualquiera otra canción que sean familiares para tus jóvenes). Haz un concurso para ver quién puede adivinar la canción que está «cantando» el participante (o el grupo pequeño). Ten a la mano muchas toallas para secar el desastre que se formará con este juego.

52. FÚTBOL EN FILA

Este es un juego con mucha acción que requiere mucho trabajo en equipo. Divide el grupo en dos equipos y siéntalos en sillas formando dos filas, una enfrente de la otra. El objetivo es que los equipos, usando solo los pies, muevan una pelota de vóleibol (o parecida) hacia y dentro de sus zonas de gol; es decir, el extremo derecho de la fila, si cada equipo mira hacia su derecha.

Los jugadores deben mantener sus manos detrás de las sillas para evitar tocar la pelota, lo que constituye una falta. Para comenzar el juego, deja caer la pelota en el medio de los dos equipos. Si los participantes son demasiado agresivos, pídeles que se quiten los zapatos para evitar que se lastimen. Además, asegúrate de que las dos filas de sillas estén solo lo suficientemente separadas para que sus pies apenas se toquen cuando estiren las piernas hacia ambos lados.

53. ¡AVIVAMIENTO!

Este es un buen juego para fomentar la asistencia de los jóvenes a la iglesia. Diles que para que aprendan cómo asistir a un servicio dominical deben practicar ciertas tareas relacionadas al servicio. Luego puedes jugar juegos como estos (o puedes inventar algunos nuevos):

- *Encuentra una silla.* Para recordarles qué sucede cuando llegan al auditorio principal de una reunión, van a tener una buena práctica para encontrar una silla. Usa el juego de las sillas con música.

- *Pasa el plato.* ¡Se necesitan destrezas especiales para pasar el plato o el bote de la ofrenda! Juega cualquier juego de relevo, pero usa un ofrendero para pasar entre los jugadores.

- *Identifica el himno.* ¡Llegó el momento de cantar! Juega a las mímicas con los títulos de himnos o de Salmos conocidos. Tan pronto adivinen de cuál se trata, el equipo debe cantar algunos versos.

- *Memoriza un versículo.* Este es un ejercicio de práctica para oír la lectura de la Palabra del día de hoy. Juega el juego del «teléfono descompuesto» usando un versículo bíblico. El líder lo susurra en el oído del primer jugador, quien a su vez lo susurra al segundo y así sucesivamente hasta terminar la fila. La última persona debe citar el versículo de forma correcta.

- *Anima el sermón.* Los chicos deben practicar cómo responder a los puntos acertados del sermón, ¿verdad? Distribuye en pedacitos de papel palabras y frases como «¡Amén!», «¡Aleluya!», «¡Gloria a Dios!», y otras respuestas animadas. Escribe la misma palabra o frase en varios trozos de papel. A la señal, los jugadores deben encontrar a todos los que estén gritando su misma frase. El primer grupo en reunirse es el ganador.

54. PAÑUELO ASESINO

Crea el ambiente para este juego presentando *Psycho* [Asesino], la película clásica de terror de Alfred Hitchcock, la próxima vez que tengas una actividad en la que los jóvenes se queden a dormir. Además, escoge por anticipado a cinco jugadores: uno para que haga el papel de asesino y cuatro para que representen a los detectives. Mantén en secreto las identidades de los seleccionados (ni los escogidos ni el resto del grupo debe conocer las identidades del asesino ni de los detectives). Solo tú conoces sus identidades y ellos no pueden decirle a nadie quiénes son.

El asesino debe llevar un pañuelo o bandana puesta en el cuello al momento de atacar y debe marcar a sus víctimas con un marcador. Esconde el pañuelo y el marcador antes de comenzar el juego y déjale saber al asesino dónde encontrarlos al momento de empezar a jugar. Provéeles a tus detectives copias de bolsillo del Nuevo Testamento u otra identificación hecha por ti, que deberán usar como su credencial y prueba de identidad.

Luego de que termine la película, anuncia que hay un asesino entre ellos. El individuo se ve completamente normal y puede ser cualquiera de ellos. Afortunadamente, hay cuatro detectives encubiertos tratando de capturar al asesino, pero deben sorprenderlo en el acto.

Diles a todos que se escondan del asesino en un cuarto oscuro, pero adviérteles que tengan cuidado, porque... ¡el asesino puede estar escondiéndose junto con ellos! Una vez que el asesino marca a una víctima, esta debe regresar al salón de jóvenes y esperar al final del juego.

Los detectives solo pueden hacer un arresto si atrapan al asesino en el acto, con pañuelo y todo lo demás.

Este juego puede tener dos finales: un detective atrapa al asesino «con las manos en la masa», o el asesino ataca y elimina a los cuatro detectives antes de que estos puedan atraparlo a él o ella. Recuerda: tú eres el único que sabe quiénes son los cuatro detectives, por lo cual solo tú podrás decir si los ha eliminado a todos.

55. GUERRA DE CALCETINES

Este juego funciona mejor si el edificio tiene un montón de rincones, esquinas, puertas, pasillos y lugares para esconderse, o también puedes jugarlo en el exterior con características similares.

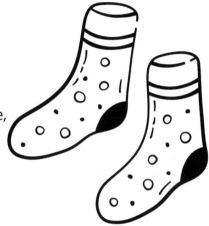

Divide el grupo en dos equipos. Entrégale a cada jugador lo siguiente:

- Tres boletos: un color diferente para cada equipo.

- Tres calcetines (medias) que deben estar amarrados en forma de nudo para poder lanzarlos mejor.

Los equipos se reúnen en los extremos opuestos del área de juego, se apaga la luz y ¡comienza el juego! El objetivo: conseguir boletos golpeando a tus oponentes con los calcetines. El jugador que ha sido alcanzado por un calcetín debe entregarle un boleto al jugador que lo golpeó; mientras el «tirador» está recibiendo su boleto y su calcetín de vuelta, ambos jugadores están a salvo de que otros jugadores les peguen.

Cuando un jugador se queda sin boletos, no puede arrojar más ningún calcetín; esto es así hasta que un compañero de equipo le entregue un boleto. Este juego puede durar todo el tiempo que desees.

MIS IDEAS

IDEAS
DE JUEGOS

para
grupos
grandes

56. PALABRA DE CUATRO LETRAS

Todos los jugadores del grupo deben tener una letra grande pegada en su espalda. A la señal, cada jugador tratará de encontrar otras tres personas con las que pueda formar una palabra de cuatro letras en un minuto. Los participantes que no puedan formar ninguna palabra serán eliminados, y el juego continúa hasta que todo el mundo queda eliminado. Algunos ejemplos de palabras: casa, cosa, copa, paso, sopa, peso, piso, rosa, risa, cera, cara, saca, pesa, sapo, asar, etc.

57. EL REY DE LAS CABRAS

Divide el grupo en dos equipos. El primer equipo se para de un lado del salón. El segundo equipo debe formar un círculo alrededor de un miembro del primer equipo, quien tendrá los ojos vendados y se llamará «la cabra». Los jugadores en el círculo deben tomarse de las manos. La cabra intentará tocar a los que están en el círculo a su alrededor. El círculo debe alejarse de él como grupo, sin soltarse las manos. Los chicos y chicas que están parados a un lado del salón le gritarán instrucciones a la cabra para ayudarla a que logre tocar a algún jugador del equipo contrario. Una vez que la cabra toque a alguien, debe salir del círculo, y otro de su equipo tomará su lugar. Justo antes de terminar el juego con la última cabra, véndale los ojos, comienza el juego y pídeles a los jugadores del círculo que se suelten y se dispersen por el salón. El equipo que está a un lado del salón debe continuar gritando instrucciones para mantener a la cabra jugando un rato más.

58. ¡A PATADAS!

Divide el grupo en dos equipos. Asigna los mismos números consecutivos de modo que para cada jugador en un grupo haya uno con el mismo número en el otro. Los equipos harán dos filas, mirándose de frente, pero en el orden opuesto. Por ejemplo, los jugadores número 1 están en los extremos opuestos de las filas.

Usa una pelota de playa con adolescentes, pero con jóvenes mayores puedes usar una pelota de vóleibol; colócala en el medio del área de juego. Cuando digas un número, los jugadores correspondientes de cada equipo corren y tratan de pasar la pelota por encima de la fila del equipo contrario, hacia el otro lado. Solo pueden usar los pies. Los miembros del equipo que están parados en la fila deben tratar de bloquear la pelota con sus manos, pero no pueden patearla.

59. JUEGO DE NYLON

Divide el grupo en dos o más equipos. Reúne la mayor cantidad de medias de nylon que puedas (enteras tipo pantys y de las individuales). Colócalas todas juntas en el medio del salón. Pídeles a los jugadores que se quiten los zapatos. Un equipo se sienta en el piso alrededor del montón de medias. Dales un minuto para que se pongan todas las medias que puedan, una sobre otra, solo en una pierna. El equipo que logre ponerse la mayor cantidad de medias es el ganador.

60. LEVÁNTATE

Cada uno toma una silla y forma un círculo. Todos los jugadores se sientan en su silla, mirando hacia el centro del círculo, excepto cinco chicos y cinco chicas que son los que comienzan el juego. Los diez deberán estar parados en el centro. Al sonar el silbato, correrán hacia los jugadores que están sentados y jalarán a una persona del sexo opuesto, tomándola por las manos y haciendo que se salga de su silla.

Por ejemplo, un chico tiene que ir hacia una chica, jalarla fuera de su silla y entonces sentarse en ella. La muchacha no puede resistirse. Entonces, ella se dirige hacia el otro lado del círculo, jala por las manos a un muchacho, lo saca de su silla y así sucesivamente. Esto continúa por un minuto. Suena el silbato y los jugadores tienen que detenerse donde estén. Cuenta los muchachos y las muchachas que estén de pie. Si quedan paradas dos chicas (o más) más que chicos, los muchachos reciben dos puntos y el juego continúa. Cada vez que pase un minuto, suena el silbato y se cuentan los jugadores que estén parados. O sea, los jugadores que quedan parados le adjudican puntos al equipo contrario.

Al final del tiempo total establecido, el equipo que haya obtenido más puntos es el ganador.

61 GUERRA DE «NIEVE»

Forma dos equipos y dibuja una línea que los divida. Dale a cada equipo un montón de periódicos y un minuto para hacer «bolas de nieve» con cada página. Cuando tú lo indiques, los equipos lanzarán todas las pelotas de papel que puedan hacia el otro lado de la línea en el límite de tiempo que establezcas. El equipo con la mayor cantidad de «bolas de nieve» en su lado, es el perdedor. No se permite lanzar papel sin enrollar, este no cuenta como puntos. Incluye en el conteo en contra las bolas de nieve que haya hecho el equipo, pero que se quedaron sin lanzar. Si sorprendes a un jugador tirando o pateando una bola de nieve una vez haya sonado el silbato, se le descontarán veinte puntos al equipo (eso para evitar que hagan trampa arrojando sus bolas fuera del tiempo permitido). Si la bola sale fuera de la línea, no se cuenta. Por último, si quedaron bolas hechas pero sin lanzar, se le descuenta un punto al equipo. ¡Juega cuantas rondas quieras!

62. EN BALANCE

Cada jugador debe poner su mano izquierda detrás de la espalda y agarrarse el tobillo derecho con la mano derecha. El objetivo es tratar de tumbar a los otros jugadores haciéndoles perder el equilibrio mientras todo el mundo está moviéndose de la misma manera por toda el área de juego. Todo el que se caiga queda eliminado. El último jugador que quede en pie será el ganador. No se permite golpearse con los codos.

63. PALILLOS DE ROPA

Este es un juego súper
divertido y muy fácil
de jugar con grupos
de cualquier tamaño.
Entrégale a todos los
jugadores seis palillos
de ropa (las pinzas
que se usan para
colgar la ropa a secar
en el tendedero). A
la cuenta de tres,
cada jugador tiene

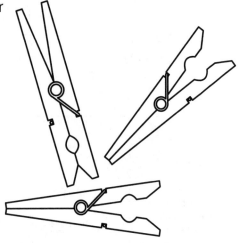

que tratar de prender el palillo en la ropa de los
otros jugadores. Cada uno de los seis palillos debe
prenderse en seis jugadores diferentes. Los jugadores
tienen que mantenerse en movimiento para evitar que
le enganchen palillos, mientras, por otro lado, están
tratando de prender los suyos en otro jugador. Cuando
al jugador ya no le queden palillos, permanece en el
juego, pero evitando que le prendan palillos en su
ropa. Al final del tiempo establecido, la persona que
tenga menos palillos en su ropa es el ganador, y el
que tenga más, es el perdedor. Otra forma de jugar es
dividir al grupo en parejas y darle a cada persona seis
palillos. Entonces, cada jugador trata de prender todos
sus palillos en la ropa de su compañero. Los ganadores
vuelven a formar parejas y así sucesivamente hasta
declarar a un «Campeón de los Palillos».

64. «QUEMADO» CON CUATRO EQUIPOS

Este es un juego de mucho movimiento que se practica mejor en un gimnasio o un área similar. Divide el grupo en cuatro equipos iguales. Si tienes acceso a una cancha de baloncesto marcada en el piso, puedes usarla como  el área de juego. De otra manera, necesitas marcar los límites con cinta adhesiva o cualquier otro método. Divide el piso en cuatro cuadrantes. Asígnale un área a cada equipo y explica que los jugadores no pueden salir del área asignada. Puedes usar una pelota de vóleibol, de playa o de goma (pero no tan grande ni tan dura como la de baloncesto). Este es un juego muy similar al «quemado» o «matador» (*dodgeball*)pero con cuatro cuadrantes en vez de dos. La diferencia es que cada jugador puede tirar la pelota a cualquiera de los jugadores en los otros tres cuadrantes. Si la pelota alcanza a un jugador más abajo del área del cinturón, él o ella queda eliminado del juego. Si la pelota falla y se sale de la cancha, el árbitro la tira al equipo contrario (el que está del lado de donde se salió). Si le pasan la pelota a un jugador y este la atrapa antes de que rebote en el piso, y no la deja caer, el jugador que la tiró queda fuera del juego. El equipo ganador es el que dure más (el equipo que todavía tenga por lo menos un jugador después que los otros hayan sido eliminados), o el equipo que más jugadores tenga al final de un límite de tiempo específico.

Variantes de este juego:

* *Pelota más allá del límite.* A los muchachos les encanta jugar a lanzarse pelotas, pero ahora que ya son más grandes, el juego se puede tornar muy peligroso. Así que esta es una versión llamada «pelota más allá del límite». Divide el grupo en dos equipos. Si en el grupo hay adolescentes y jóvenes mayores, mézclalos para hacer la competencia más pareja al incluir jugadores de varias edades. Escoge un área de juego que tenga un límite cuadrado: un gimnasio, un estacionamiento o un campo de fútbol que delimites con sogas, tiza o cinta adhesiva, sirven para este propósito. Establece una línea divisoria y deja que cada equipo escoja su lado. El juego consiste en rodar o rebotar la pelota a través de la línea límite del equipo contrario. Los jugadores solo pueden rodar o rebotar la pelota (para evitar las lesiones por parte de aquellos jugadores que tienen mucha fuerza para lanzar). Un árbitro es muy útil y los jueces de puntuación son una gran ayuda para determinar si un punto es o no válido. Los puntos no son válidos a menos que la pelota ruede o rebote sobre la línea.

- **Pelota por todos lados.**
  Esta es una variante
  con mucho movimiento
  del juego original de
  «quemado», solo que
  aquí no hay equipos.
  Para comenzar el juego,
  pídeles a los jugadores
  se coloquen en el
  centro de un salón
  vacío o en un gimnasio,
  y luego tira con todas
  tus fuerzas la pelota
  contra una de las
  paredes. En este punto,

todo el mundo se dispersa por el área de juego.
Cualquier jugador puede atrapar y lanzar la pelota
luego de que rebote en el piso, el techo o una
pared, pero no puede dar más de dos pasos antes
de tirarla a uno de los muchos blancos humanos
regados por la cancha (y que están libres para
correr como quieran). Un blanco queda eliminado
si lo alcanza un tiro directo de una pelota y no
puede atraparla. Un lanzador queda fuera si le tira
la pelota a un jugador y este la atrapa en el aire,
o si su lanzamiento golpea en la cabeza a otro
jugador. Lo curioso de «Pelota por todos lados»
es que los jugadores eliminados se sientan en el
piso justo en el lugar donde recibieron el impacto;

deben quedarse sentados y no pueden moverse por el piso. Todavía pueden eliminar a los lanzadores si atrapan una pelota en el aire o si le dan con la pelota a un jugador que esté corriendo. Además, pueden pasarle la pelota a los otros participantes que están sentados. Su presencia aumenta el riesgo para los jugadores que están corriendo por la cancha, especialmente mientras el juego sigue progresando y hay más y más de ellos por todo el piso. Un lanzador puede colaborar con los jugadores sentados, rodando o tirando la pelota hacia uno de ellos. La última persona en pie es la ganadora y comienza el próximo juego.

65. ¡ATRAPADOS EN EL CÍRCULO!

Este es un juego que incluye velocidad, emoción, rudeza y trabajo en equipo... ¡a los muchachos les fascina esto! Divide el grupo en dos equipos iguales y pídele a uno que forme un rectángulo o un círculo (con una distancia uniforme entre los jugadores), y al otro, que se meta dentro del círculo y se disperse lo más posible. A la señal, el equipo exterior tratará de pegarle con una pelota (de goma y liviana) a todos los jugadores del equipo interior lo más rápido posible. No se permite pegar en la cabeza ni rebotar la pelota en el suelo. Cuando les hayan dado a todos los jugadores, se para el reloj, se registra el tiempo y los equipos intercambian posiciones. El equipo exterior que logre su objetivo en menos tiempo es el ganador. También puedes registrar los mejores dos tiempos de tres rondas o combinar los totales de tiempo. Asegúrate de que los jugadores se quiten los anteojos y diles que no deben apuntar a la cara de los demás jugadores, porque serán eliminados. Evita usar pelotas duras, como las de fútbol, baloncesto o vóleibol.

66. SENTADOS... ¡EN EL AIRE!

Este juego puede ser realmente divertido, pero si no se hacen bien las cosas, puede convertirse en un desastre espectacular. Primero, forma dos círculos, uno de hombres y uno de mujeres. Organiza a todos para que estén hombro con hombro en el círculo. Luego pídeles que se volteen hacia la derecha, mirando la espalda de la persona que tienen de frente. Cuando cuentes hasta tres, todos se sientan.

Si todos siguen las consignas y se realiza de la manera correcta, todos se sentarán simultáneamente en las piernas de la persona que tienen detrás. Si la sincronización no es muy buena todos caerán. El equipo que logre no caerse por más tiempo gana. Para complicar el juego un poco más, pídeles a los jugadores que crucen la pierna derecha sobre la izquierda antes de sentarse. Asegúrate de que todos tengan las manos a los costados del cuerpo.

67. EL GRAN MÚSICO

Este entretenido juego se parece al «congelados».
Sin embargo, en lugar de que el jugador que congela
toque a los demás participantes, utiliza una batuta de
orquesta (un periódico enrollado o algo similar) para
congelar a los demás. Cuando un jugador es alcanzado
por la batuta, no solo debe quedarse paralizado,
sino que también debe empezar a imitar el sonido
de algún instrumento musical (puedes dar algunos
ejemplos antes de empezar el juego). El jugador sigue
paralizado y haciendo ruido hasta que otro jugador
«libre» lo toque. Puedes designar un área segura de
descanso. El gran músico es un excelente juego para
jugar en la oscuridad.

68. TOQUE EN CADENA

Este es un juego de mucha acción que puede realizarse bajo techo o en exteriores. Una persona comienza siendo «el jugador X», pero cuando empieza a tocar a los otros jugadores, los va tomando de la mano, formando una cadena, y estos continúan tocando jugadores como una unidad. Cuando haya ocho jugadores  en la cadena, esta se rompe y se forman dos grupos de cuatro. El juego continúa con cada grupo tratando de alcanzar a más jugadores. Cada vez que la cadena haya tocado a cuatro jugadores, esta se rompe y se forma un nuevo grupo de cuatro. Mientras corren, no puede romperse la cadena. Si se rompe, tienen que quedarse tal y como donde están hasta que otra cadena los toque e incorpore a su grupo. El resultado final será varios grupos de cuatro persiguiendo a ese jugador que todavía nadie ha podido atrapar. El juego continúa hasta que todo el mundo haya sido atrapado. Correr en grupo es muy divertido.

69. SILBATO DE BANANA

Divide el grupo en tres equipos o más. Coloca a tres jugadores de cada equipo a una distancia aproximada de seis metros (veinte pies), como se ve en el diagrama.

Una cuarta persona de cada equipo se coloca en la línea de partida y debe tener los ojos vendados. A la señal, los jugadores que están en las otras tres posiciones dentro del área de juego comienzan a gritarle al jugador vendado, tratando de que se acerque lo suficiente como para que puedan tocarlo sin ellos moverse de sus posiciones. Esto debe hacerse en orden (primero el jugador 1, luego el 2, etc.). Después de alcanzar a todos los jugadores de su equipo, el jugador que ha estado avanzando se quita la venda y corre a la línea de partida donde hay una quinta persona esperándolo para darle una banana (plátano). Tan pronto se coma la fruta, debe silbar una canción asignada lo más alto que pueda por al menos quince segundos.

Este es un buen juego para reírse un rato y para fomentar la competencia entre equipos. Si hay más jugadores por equipo, puedes colocar a más de tres participantes en el área de juego. Siempre es bueno tener los que no están jugando cerca para que animen a los demás.

70. CACERÍA HUMANA

Divide el grupo en equipos y cada equipo debe elegir un líder. Todos los jugadores deben permanecer en un área designada. Un juez se ubica en una posición que quede a la misma distancia de cada equipo. Por ejemplo, si son cuatro equipos, cada uno se debe ubicar en una esquina del salón y el juez en el centro.

Entonces, el juez va diciendo una característica similar a las que presentamos abajo, y el líder de cada grupo trata de encontrar a alguien que cumpla esa característica. Tan pronto encuentre a alguien, el líder la toma por la mano y ambos corren como locos hacia donde está el juez. El primer equipo que toque la mano del juez (y lleve a la persona correcta) gana un punto para su equipo.

He aquí algunas características que pueden usar. Busca a alguien que...

-Tenga ojos azules y pelo marrón

-Recibió todas las calificaciones A (o 10 en) el período anterior

-Corre todos los días

-Está comprometido(a) para casarse

-Le gusta el brécol (o algún dulce conocido en su país)

-Le envió una postal a un amigo(a)

-Se memorizó un versículo de la Biblia en esta semana

-Viajó al extranjero en este año

-Lleva puestos unos tenis marca Nike (o cualquiera que sea común en su país)

-Está masticando un chicle verde

-Vino a la iglesia en una camioneta azul

-Recibió una infracción de tránsito en este mes

-Escribió hace poco una nota de agradecimiento

71 SHOCK

Dos equipos hacen dos filas sencillas y se toman de las manos (según se ilustra en el diagrama). En uno de los extremos del equipo hay una cuchara en el piso (o en una mesa) y en el otro extremo hay una persona de cada equipo con una moneda en la mano. Los dos jugadores con las monedas comienzan a lanzarlas al aire, al estilo «cara o cruz», y la muestran a la primera persona en su equipo. Si es cruz, no pasa nada. Si es cara, la primera persona rápidamente le aprieta la mano a la segunda persona, quien se la aprieta a la tercera y así sucesivamente hasta llegar al final de la fila. Tan pronto le aprietan la mano al último jugador en la fila, este trata de alcanzar la cuchara. Luego de tomar la cuchara, la levanta en alto para que todos lo vean y la vuelve a colocar en su lugar original y corre hacia al frente; ese jugador se convierte en el próximo que lanzará la moneda al aire. Esto continúa hasta que todos los jugadores hayan ocupado las posiciones de lanzar la moneda y alzar la cuchara. El primer equipo que logre colocar a todos sus jugadores en las posiciones originales es el ganador.

Nadie puede apretar la mano de un compañero sin que antes le hayan apretado la suya. Esto es como un shock eléctrico que va corriendo por la fila. Debes colocar un árbitro en cada extremo de las filas de los equipos para asegurarte que todo se está haciendo según las reglas. Un falso shock provocará que se tenga que lanzar la moneda otra vez, y que ese equipo se retrase. Es una buena idea que los jugadores practiquen sus apretones de manos antes de comenzar, para que así todos sepan hacerlo fuerte y claro. De otro modo, pueden confundir cualquier otro movimiento leve con un apretón.

72. ¿CUÁNTOS CABEN?

Este juego es sencillo pero muy divertido. Divide el grupo en dos equipos. Dibuja un cuadrado en el piso (el tamaño depende de la cantidad de jugadores que tengas), y mira a ver cuántos pueden meterse dentro del cuadrado. Uno a uno, los chicos irán entrando al cuadrado y se irán apretujando hasta que ya no entren más. Todo es legal mientras que ninguna parte del cuerpo esté tocando fuera de la línea del cuadrado. Establece un límite de tiempo y provoca la competencia entre equipos. (Sugerimos que los equipos sean solo de chicos o chicas, para evitar toques físicos que generen incomodidad).

73. AVIONES Y GRANADAS

¿A tus estudiantes les gusta hacer avioncitos con los papeles de la escuela dominical? ¡Es hora de poner en práctica su experiencia! Necesitas un gimnasio o un salón grande, que tenga una cancha marcada en el piso. O también, si cuentas con un espacio amplio, puedes demarcar las líneas tú mismo con tiza o cinta adhesiva.

Divide el grupo en dos equipos, donde cada uno tenga un área «segura» al frente y una zona de batalla en el medio. Cuando los jugadores estén en el área segura estarán descansando; cuando estén en la zona de batalla estarán jugando. Entrégales hojas de papel (puedes aprovechar y reutilizar hojas que ya no sirvan). Cada participante hace un avión de papel y una granada de papel. El propósito del juego es similar al «quemado» (*dodgeball*), pero en este caso en vez de usar una pelota, vas a usar aviones y granadas para pegarle a tus oponentes. Si un avión le pega a un jugador, queda eliminado del juego. Si le pega una granada, entonces pierde su avión y solo puede tirar granadas. Todos los jugadores deben permanecer en el campo de juego todo el tiempo y cualquier avión que recojan, debe entregarlo a un compañero de equipo. Es decir, no puede volver a lanzarlo el que lo recogió.

A continuación, algunas reglas adicionales:

1. Los aviones y las granadas deben tirarse. Si el jugador sencillamente *toca* al oponente con su avión o su granada, se considera autodestruido, queda eliminado del juego y tiene que entregar sus aviones y granadas al oponente.

2. Los jugadores no pueden cruzar a la zona segura de sus contrarios, excepto cuando, en algún momento, el árbitro grite: «¡Ataque aéreo!». Sin embargo, los jugadores pueden pararse en la línea y tirar aviones y granadas dentro del área segura de sus oponentes.

3. Si el jugador es alcanzado por granadas rodando o aviones que se deslizan por el piso, cuenta igual que los que van por el aire. No se pueden recoger aviones ni granadas hasta que se detengan por completo. Las granadas y los aviones que reboten en las paredes se consideran muertos y no cuentan si alcanzan a un jugador.

4. No se permiten los ataques directos (mano a mano) entre jugadores, y se considera muerte inmediata para el jugador que lo inicie.

Usa estas señales:

- Un silbato largo es un tiempo de descanso de quince segundos en las zonas seguras de ambos equipos.

- Dos silbatos cortos implican un ataque aéreo.

- Un silbato corto es un ataque; esto es, todos los jugadores deben entrar en la zona de batalla.

74. GLOBOS EN LA PARED

Este es un juego para el que se requiere mucha energía y donde se mezclan elementos de juegos anteriores. Crea un área de juego en tu gimnasio (o en un salón grande, siempre y cuando las paredes sean resistentes). Designa un color a cada pared y pega en ella cincuenta globos inflados de ese color. Asigna un territorio para cada color que se extienda unos seis metros (veinte pies) de distancia de la pared, y deja una amplia «zona libre» en el centro del gimnasio (ver diagrama). En el centro de cada uno de los cuatro territorios, coloca una «caja fuerte» (una caja de cartón grande). En la esquina de cada territorio, designa un área como la «cárcel» del equipo.

Ahora divide el grupo entero en equipos, uno por cada territorio. Cada equipo debe seleccionar a ciertos jugadores para ser los invasores, los defensores y la policía de la cárcel.

- *Invasores.* Los invasores tratan de tumbar los globos de la pared del equipo contrario con pelotas de goma (u otro tipo), lanzadas solo desde la zona libre. Un invasor no puede lanzar la pelota a menos que esté en la zona libre. Los invasores también pueden «robar» globos de la pared enemiga invadiendo su territorio. El invasor coloca los globos robados en la caja fuerte de su equipo. Sin embargo, los invasores no pueden robar los globos de la caja fuerte del equipo contrario.

- *Defensores.* Estos jugadores defienden su pared atrapando o desviando las pelotas. Pueden capturar a los invasores si los tocan dentro del terreno de los defensores. Los invasores capturados se llevan a la cárcel. Los defensores no pueden regresar a la pared de globos donde pegó la pelota.

- *Reglas de la cárcel.* Un equipo puede negociar el rescate de sus invasores en prisión intercambiando tres globos de su caja fuerte por su invasor encarcelado.

El equipo que tiene al prisionero, de aceptar el intercambio, puede volver a colocar estos globos recuperados en su pared. Asigna un tiempo límite para el juego. Al final, cada equipo gana cinco puntos por cada globo que esté todavía en su pared y diez puntos por cada globo que tengan en la caja fuerte.

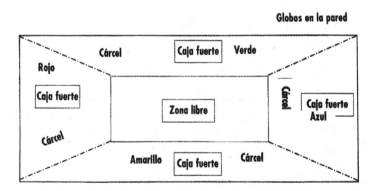

Globos en la pared

75. LABERINTO DE CINTA ADHESIVA

Si tienes una sala bastante grande con un piso liso, y algunos rollos de cinta adhesiva, ya tienes todo lo que necesitas para este juego. Forma un laberinto con la cinta. Los participantes necesitan fingir que las franjas anchas de cinta adhesiva que has pegado en el piso en forma de laberinto representan paredes invisibles, y al mismo tiempo impenetrables, que no pueden atravesarse ni brincar. Lo más práctico es tener varios árbitros para que estén pendientes a los que quieran tomar atajos por las esquinas o subir por las paredes. Los jugadores deberán intentar atravesar el laberinto sin ser atrapados por un jugador designado como «el hielo». Si un participante es atrapado, ahora él o ella se volverá «el hielo» y deberán intentar atrapar a un jugar distinto de quien los atrapó a ellos.

- *Una variante para el otoño:* En lugar de usar cinta adhesiva, forma el laberinto con líneas de hojas secas recogidas en el suelo.

76. ESPONJA MUSICAL

Este juego se parece al de las sillas musicales, pero con algunos cambios. Coloca la misma cantidad de sillas como jugadores tengas. Todos los jugadores deben tener los ojos vendados. Mientras ellos dan vueltas alrededor de las sillas, en círculos, cada uno debe agarrar por el hombro al que está delante de él o ella. Antes de que pare la música, el líder colocará una esponja mojada en una de las sillas. El desafortunado jugador que se siente en la esponja mojada cuando pare la música (o cuando suene el silbato) queda fuera del juego.

77. DE PUNTO A PUNTO

Antes de jugar, compra dos paquetes de etiquetas adhesivas redondas pequeñas (cada paquete de un color distinto), y enuméralas del uno a la mitad del total de jugadores; esto es, si tienes treinta jugadores en tu grupo, enumera los círculos del uno al quince. Haz lo mismo con los círculos del otro color. Ten a la mano varios rollos de hilo de cometa o hilo de tejer, así como algunos rollos de cinta adhesiva. Divide a los jugadores en dos equipos (o más, si tu grupo es muy grande), y dale a cada equipo un paquete con los «puntos» enumerados. Pídeles a todos los jugadores que se peguen un punto en la frente, luego haz que caminen por ahí y se mezclen, de modo que los dos equipos estén muy bien mezclados. Cuando lo indiques, todos los jugadores deben detenerse donde estén y el capitán de cada equipo usará el hilo y la cinta adhesiva y unirá a su equipo de «punto a punto» siguiendo el orden de los números que tienen pegados en la frente. Los capitanes pueden pegar la cinta adhesiva en cualquier parte del cuerpo que quieran, y el primer equipo que esté unido en orden será el ganador.

78. DELETREA MIS PIES

El objetivo de este graciosísimo juego es que los jugadores formen palabras lo más rápido que puedan. Forma dos equipos de cinco jugadores cada uno (sugerimos que sean del mismo sexo), que se sienten de frente a la audiencia sin zapatos. Los líderes escriben letras en la planta de los pies de los jugadores usando un marcador negro. El primer jugador de cada equipo debe tener una A en su pie derecho y una C en su pie izquierdo, el segundo juqador una T en su pie derecho y una U en su pie izquierdo, al tercero una N y una O, al cuarto una S y una I, y al quinto una R y una E.

Cuando estén listos, el líder dice una palabra en voz alta y el equipo que logre armar la palabra en menos tiempo y de forma correcta, gana la ronda. Las palabras tendrán diferentes valores según la dificultad.

- Las palabras fáciles valen cinco puntos: antes, canto, tocar, aro, rosa, sirena, etc.

- Las palabras y frases más complicadas valen diez puntos: actores, cuentos, cintura, asiento, su taco, tu roca, su arco, etc.

- La última categoría vale veinte puntos por palabra y requiere que los equipos creen palabras o frases usando la mayor cantidad posible de letras o combinación de palabras.

79. VISTIÉNDOSE EN LA OSCURIDAD

Para este juego necesitas diferentes piezas de ropa y vendas para los ojos. Escribe en tarjetas pequeñas las instrucciones sobre el tipo de ropa que corresponde a cada una. Por ejemplo: «La abuela va de compras: usa vestido, blusa, saco, lentes y peluca». Otra puede decir: «El papá se va al trabajo: ponte pantalón, camisa, corbata, zapatos y portafolios».

Divide el grupo en equipos de siete u ocho jugadores (según la cantidad de ropa que hayas conseguido) y designa un montón de ropa para cada equipo con la misma cantidad y el mismo tipo de vestimenta. Luego entrega una tarjeta de instrucciones que describa el primer atuendo que debe ponerse uno de los jugadores de cada equipo. Una vez que los jugadores hayan memorizado la ropa que deben ponerse, véndales los ojos y guíalos al montón de ropa de su equipo. Los jugadores con los ojos vendados tienen tres minutos para, tanteando, sacar del montón de ropa las piezas de vestir correctas y vestirse apropiada y nítidamente: los botones en el ojal correcto, las camisas del lado correcto y los pantalones bien puestos. La única ayuda que tienen los jugadores vendados es su sentido del tacto y las pistas que les gritan sus compañeros de equipo. Al final de los tres minutos, si nadie está completamente vestido, el líder decide quién es el mejor vestido de los dos. De otra manera, el equipo del jugador que termine primero y esté vestido correctamente, recibe el punto.

80. ENREDO DE PIERNAS

Divide a los jugadores en equipos de seis o siete personas. Cada grupo debe formar un círculo, mirando hacia fuera. Luego, con una soga, amarra a todos los jugadores por los tobillos (por cualquiera de los lados). El objetivo del juego es que se mueven todos juntos alrededor del salón y recojan tiras de tela o cualquier otro material que previamente se hayan colgado del techo, las paredes, etc. Usa distintos colores de tiras para cada equipo. El primer equipo que recoja todas las tiras de su color y las deposite en una caja localizada en forma céntrica en el salón, es el ganador.

81 EQUIPOS DE DOMINÓ

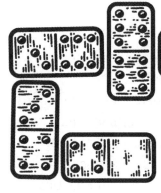

Prepara tarjetas de 10x20 centímetros (4x6 pulgadas) como si fueran fichas de dominó. Debes preparar distintos grupos de tarjetas dependiendo de cuántos equipos pienses tener, cada uno de un color diferente. Pon la misma cantidad de puntos como jugadores esperes tener en cada equipo. Por ejemplo, cuatro equipos con siete jugadores cada uno harían cuatro grupos de dominó (tarjetas) en rojo, azul, verde y negro; tendrías siete tarjetas de cada color, que van de uno a siete puntos. Pega las tarjetas en la espalda de los jugadores según vayan entrando y luego explícales: «Al sonido del silbato, tienes que descubrir cuál es tu ficha de dominó y el color. Puedes hacerles preguntas a los demás jugadores que ellos puedan contestar solamente con un sí o un no.

Solo puedes hacer una pregunta por persona. Cuando descubras cuál es tu ficha de dominó, entonces ve al área de tu equipo» (las áreas deben asignarse antes de comenzar el juego). El primer equipo que reúna a todos sus miembros en el área correcta y en orden (del uno al siete en este ejemplo) es el ganador.

82. CÍCLOPES

Para este juego debes dividir el grupo en equipos de tres a cinco jugadores y deben seleccionar un voluntario de cada grupo. Entrégale a cada equipo los siguientes materiales: cinta adhesiva, periódicos, papel de aluminio, celofán u otros materiales similares. A la señal, el grupo debe cubrir completamente al voluntario con los materiales, excepto un ojo. Una vez que el voluntario está completamente cubierto, un árbitro verifica a los «cíclopes» y si no se les ve nada de ropa ni de piel, entonces los cíclopes pueden empezar sus ataques (sin interferencia ni ayuda del resto del equipo). Ningún cíclope puede comenzar su ataque sin el permiso del árbitro. El propósito es atacar —tocando— a los otros cíclopes que todavía no están listos para empezar a atacar. Una vez que el jugador toca a un cíclope que no está preparado, este queda eliminado del juego. Los cíclopes que todavía no están listos pueden huir y el resto del equipo puede seguir trabajando en los cíclopes mientras estos huyen. Los cíclopes atacantes pueden continuar con la persecución hasta que se les caiga alguna pieza de su propia cobertura y comience a mostrar alguna señal 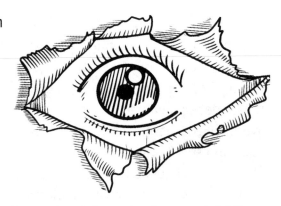 de ropa o piel. Para esto es importante que el árbitro esté atento. Si esto ocurre, el atacante debe parar y permitir que su equipo le haga las reparaciones necesarias sobre la marcha. El juego continúa hasta que solo haya un cíclope en el área de juego.

83. DISFRACES DE PERIÓDICO

Divide el grupo en equipos de tres personas. Entrégale a cada trío doce hojas de papel de periódico, alfileres y cinta adhesiva. El juego consiste en descubrir cuál equipo puede crear el disfraz más original. Tienes que considerar la nitidez en el diseño. Siempre es bueno disfrutar de la creatividad que tienen los jóvenes. Un juez (o un panel de jueces) debe determinar cuál es el equipo ganador.

84. CUATRO EN UN SOFÁ

Este juego es más divertido si tienes por lo menos veinte jugadores. Escribe el nombre de cada participante en un pedacito de papel y échalos todos en una caja. Luego siéntalos a todos en un círculo en el suelo, con un sofá (o cuatro sillas) como parte del círculo. Dos muchachos y dos muchachas que elegirás al azar deben sentarse en el sofá de forma intercalada. Los jóvenes sentados en el círculo en el piso deben dejar un espacio vacío. La meta es llenar los cuatro espacios en el sofá con participantes del mismo sexo, sean cuatro varones o cuatro mujeres.

Una vez que todos estén acomodados, pídele a cada jugador que saque un nombre de la cajita. Luego comienza con la persona que está sentada justo a la derecha del espacio vacío: él o ella dice el nombre de cualquiera de los miembros del grupo. Quien tenga el papel con ese nombre, se mueve al espacio vacío y cambia su papel con la que llamó ese nombre. El juego continúa, ahora con la persona que está sentada a la derecha del espacio vacío. Presta atención, especialmente al nombre que se llamó antes. Los jugadores no pueden darle pistas al jugador a quien le corresponde el turno. Él o ella deben adivinarlo.

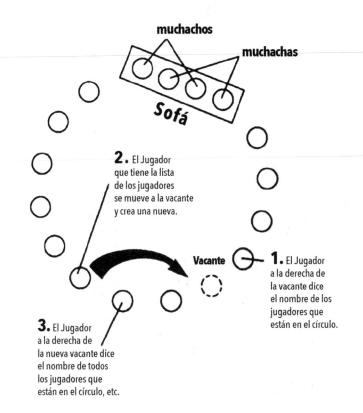

muchachos

muchachas

Sofá

2. El Jugador que tiene la lista de los jugadores se mueve a la vacante y crea una nueva.

Vacante

1. El Jugador a la derecha de la vacante dice el nombre de los jugadores que están en el círculo.

3. El Jugador a la derecha de la nueva vacante dice el nombre de todos los jugadores que están en el círculo, etc.

MIS IDEAS

MIS IDEAS

IDEAS DE JUEGOS

para espacios pequeños

85. TIERRA, AIRE, FUEGO, AGUA

Los participantes forman un círculo y dejan a un jugador en el centro. Ese jugador le tira una pelota a alguien en el círculo y rápidamente dice «tierra», «aire», «fuego» o «agua», y luego cuenta rápido hasta diez. La persona que recibe la pelota debe decir el nombre de un animal (tierra), un pájaro (aire), un pez (agua) o no decir nada (fuego), antes de que el jugador del centro termine de contar. Si el que recibe la pelota contesta de forma incorrecta, toma el lugar del lanzador. Los jugadores no pueden repetir las palabras que ya se hayan dicho; cada respuesta debe ser original.

86. PAÑUELOS DE PAPEL EN EL AIRE

Entrégale a cada equipo un pañuelo de papel tissue (pañuelos descartables). Los equipos deben lanzar la hoja al aire y mantenerla arriba, soplándole y sin tocarla. Tómale el tiempo a cada equipo. El equipo que dure más tiempo sin que caiga el pañuelo al piso es el ganador.

Pañuelos con sorbetes: Una variante del juego anterior podría ser entregarle a cada jugador un sorbete plástico o de cartón que solo pueden usar para soplar el pañuelo y mantenerlo en el aire. No pueden levantar el pañuelo con el sorbete.

87. DESAFÍO DE PALILLOS

Selecciona a dos jugadores del mismo sexo y siéntalos en sillas, una frente a la otra y tocándose las rodillas. Muéstrales a cada uno un recipiente lleno de palillos o ganchos para tender ropa a la derecha de su silla. Véndales los ojos y concédeles dos minutos para que prendan la mayor cantidad de palillos posible en los pantalones del otro participante. Mientras tanto, el resto de los compañeros tararea una canción, la canta usando solo determinada vocal o alienta a uno u otro equipo.

88. INSTRUCCIONES PRECISAS

El líder divide el grupo en dos equipos; uno está compuesto de agentes especiales de la policía y el otro de espías. Cada espía recibe una tarjeta con una de las instrucciones que se presentan abajo. Cada uno recibe una instrucción diferente. Después, los agentes especiales toman turnos para hacerles preguntas a espías específicos. Para esto deben llamar al espía por su nombre antes del interrogatorio. Los agentes especiales pueden hacer todas las preguntas que deseen, a todos los espías que quieran y pueden preguntar cualquier cosa (excepto sobre las instrucciones que

recibieron los espías). Cada espía debe contestar la pregunta que se le haga, pero siempre deben hacerlo en la manera descrita en su tarjeta. Cuando el agente especial adivine cuál es la instrucción del espía, este último se elimina del juego. El juego continúa hasta que los agentes descubran todas las instrucciones y todos los espías sean eliminados. Si el espía da una respuesta sin seguir sus instrucciones asignadas, queda eliminado del juego. Las puntuaciones deben llevarse de forma individual. El espía ganador es el que haya contestado la mayor cantidad de preguntas antes de que el agente haya podido adivinar sus instrucciones. El agente especial ganador es el que haya acertado el mayor número de instrucciones. Un agente especial puede intentar adivinar en cualquier momento, sea o no su turno de interrogatorio, pidiendo permiso para interrogar.

He aquí algunos ejemplos de instrucciones que puedes usar:

1. Miente cada vez que respondas

2. Contesta cada pregunta como si fueras (nombre del líder adulto del grupo)

3. Trata de iniciar una discusión con cada respuesta

4. Siempre menciona el nombre de un color en cada respuesta

5. Siempre usa un número en tus respuestas

6. Sé evasivo; nunca contestes la pregunta realmente

7. Siempre responde a la pregunta con otra pregunta

8. Siempre exagera tus respuestas

9. Siempre pretende haber malentendido la pregunta

10. Ráscate siempre que estés contestando

11. Siempre maltrata al agente

12. Siempre tose antes de contestar

13. Siempre menciona algún tipo de comida cada vez que des tu respuesta

14. Siempre menciona el nombre de alguno de los integrantes del grupo cuando respondas

Este juego también puede jugarse sin formar equipos. Dale a cada persona una instrucción similar a las de la lista. Luego cualquiera puede hacer preguntas hasta que alguien logre adivinar la instrucción secreta del interrogado. Cada nueva pregunta que no adivine la instrucción vale un punto.

89. MÍMICAS DIBUJADAS

Este juego definitivamente dará mucho de qué hablar. A diferencia de otros juegos de mímicas, este es excelente para los chicos y chicas tímidas. El juego puede jugarse mejor en un edificio con tres, cuatro o cinco cuartos separados que puedas usar. Divide a los jugadores en cuatro o cinco grupos pequeños. Cada grupo debe tener por lo menos cinco integrantes. Pídele a cada  grupo que seleccione un jugador para que comience el relevo. Entrégale un lápiz y un papel de dibujo a ese jugador. La hoja de papel debe colocarse en una superficie sólida y plana para evitar que se dañe mientras se dibuja en ella.

El líder confecciona una lista de quince palabras comunes: cosas, personas o lugares que puedan dibujarse sin necesidad de usar letras o números (Moisés, aguacate, máscara, edificio, etc.). Debes prepararte para dos o tres rondas y tener a la mano dos o tres listas, adaptando la dificultad al nivel del grupo. Vas a necesitar un papel grueso o un cartón fino para tapar las palabras de tu lista. La misma debe escribirse en una hoja en blanco doblada a lo largo y por la mitad. Deletrea las palabras de forma clara y en letras mayúsculas. Párate en un lugar bastante céntrico para que todos puedan llegar a ti con facilidad. Necesitarás más de un supervisor en varios lugares estratégicos si tienes un grupo grande dividido en muchos equipos pequeños. En ese caso, cada supervisor deberá tener a mano una lista idéntica a la tuya.

Explícales a todos los participantes las reglas del juego antes de enviarlos a sus salones asignados. En cada ronda deben hacerse todos los dibujos en un solo lado del papel. De esa manera, el reverso estará disponible para una segunda ronda. No se permite deletrear palabras ni usar números. Tampoco que los jugadores hablen, hagan mímicas o representen las palabras cuando sea su turno de dibujar. Cada artista tiene la oportunidad de indicar con señas cuántas palabras están involucradas o asentir con un movimiento de cabeza si el grupo está frío (alejado de la respuesta) o caliente (cerca de descubrirla) mientras tratan de adivinar. Adviérteles a los jugadores que no griten sus respuestas, pues otro grupo puede oírlas respuestas correctas, a menos que, por supuesto, el grupo quiera quitarse de encima a los otros grupos.

El juego comienza cuando el líder llama a los primeros jugadores y les muestra la primera palabra de la lista. Estos jugadores corren de regreso a sus grupos y tratan de hacer una ilustración que represente la palabra que les mostraron. La primera persona en el grupo con la  respuesta correcta recibe un lápiz, corre a donde está el líder, le susurra la palabra correcta y se le da la siguiente palabra. Se repite el mismo procedimiento hasta que todo el grupo identifique correctamente las quince palabras en la lista. Cada vez que termine una ronda, cada grupo tendrá una asombrosa obra de arte moderno. Puedes otorgar premios a la representación más artística de la noche, etc.

Como variante, todas las palabras en la lista pueden tener un tema: títulos de canciones, historias bíblicas, animales, etc. Una vez que los jugadores tengan suficiente práctica, puedes estar seguro/a de que te pedirán este juego con frecuencia. Prepárate para tener segundas y terceras rondas para desempatar. Otra sugerencia: reorganiza constantemente a los integrantes de los grupos para evitar que los mismos grupos ganen todo el tiempo.

90. LADRÓN DE REGALOS

Este juego
funciona mejor
con un grupo de
quince a veinte
personas. Para
empezar, todos
los jugadores
reciben un
paquete
envuelto para
regalo. Deben
ser regalos de

broma, que no tengan ningún valor; algo así como un
zapato viejo, una llave vieja, etc. Luego de distribuir
los regalos, reparte un mazo de naipes entre el grupo,
de manera que todos los jugadores tengan la misma
cantidad. El líder debe guardar para sí un segundo
mazo de naipes. Cuando todo el mundo tenga un
regalo y algunas cartas, el líder baraja sus naipes, saca
una y dice cuál es. Quienquiera tenga esa carta (del
primer mazo) le entrega al líder su naipe y tiene la
oportunidad de tomar el regalo que desee. Luego, el
líder anuncia la segunda carta y el que la tenga puede
escoger el regalo que quiera, y así sucesivamente
hasta que se haya usado todo el mazo de naipes.

Es muy divertido ver cómo los regalos pasan de una
mano a otra, sin desenvolverlos. Al principio, una

misma persona puede acumular varios regalos, pero cuando se le terminan sus cartas (naipes), la atención cambia a otro jugador. Claro está, quienquiera que tenga los regalos al final del juego puede desenvolverlos y quedarse con ellos. Muchas veces descubrir el contenido de algunos regalos por los que se «pelearon» muchísimo produce tanta diversión como el juego mismo.

Variante: usa este procedimiento con los regalos de Navidad.

91 MENTIROSO

Este es un buen juego para fiestas o grupos pequeños que es muy divertido y ayuda a que la gente se conozca mucho mejor. Cada uno recibe un papel y un lápiz. En la parte superior de la hoja, él o ella escribe cuatro características sobre su persona. Una de las características tiene que ser cierta; las otras tres  deben ser falsas. La característica verdadera debe ser un detalle que pocos conozcan hasta ahora. Entonces, el juego comienza de verdad. De a uno a la vez, todos leen esas cuatro características y los demás tratan de adivinar cuál es cierta.

Cuando es el turno de leer sus propias características, el jugador se anota un punto por cada respuesta incorrecta que reciba (no debe dar la respuesta correcta hasta que todos hayan participado). Cuando le toca a él o ella adivinar, recibe un punto si hace una suposición correcta. Al final del juego, gana el que tenga más puntos. Cada persona debe llevar un registro de sus puntos.

92. PARADO EN UN PIE

Este es un juego que parece muy sencillo, pero no lo es. Todos los participantes deben pararse en un solo pie, mientras se agarran el otro con los ojos cerrados. El que logre mantenerse sobre ese pie por más tiempo es el ganador. Es muy poco probable que alguien pueda hacerlo por más de treinta segundos.

93. CUCHARAS

Este juego es muy similar al clásico juego de las sillas y la música, excepto que en esta versión usas cucharas y un mazo de cartas (naipes). Debes tener cuatro cartas de un mismo estilo (cuatro reyes, cuatro diez, etc.) por cada jugador. Coloca sobre la mesa una cuchara por cada jugador que tengas, menos uno.

Mezcla las cartas y entrégale cuatro cartas variadas a cada jugador.

a

Luego de tener una oportunidad de mirar sus cartas, los jugadores comienzan a pasarle una carta al jugador que tienen la derecha. Ellos tienen que intentar conseguir las cuatro de un mismo estilo. Siguen pasando las cartas hasta que alguien tenga en sus manos las cuatro iguales.
Entonces, ese jugador toma una cuchara y todos tratan de tener una en la mano cuando termine la pelea.
Si el jugador que primero alcanza la cuchara lo hace silenciosamente, entonces pasará un buen rato antes de que los otros se percatan de que falta una cuchara.

94. ¿A QUÉ TE SUENA?

Este es un juego simple y entretenido. Todo lo que necesitas es una grabadora. Antes de la reunión, graba los sonidos de veinte cosas comunes; por ejemplo: el interruptor de la luz, el encendido de un carro, el sonido del aerosol de una lata

de desodorante, etc. Trata de grabar sonidos con los que la mayoría de las personas estén familiarizados.

Cuando estés listo para jugar, reparte papeles y lápices y pon la grabación, dejando tiempo entre cada sonido para que los participantes escriban lo que creen que es cada sonido. Deben ponerse de acuerdo en qué es el sonido y preparar solo una lista. Al final, todos oyen otra vez todos los sonidos y revisan las respuestas. Otorga puntos por cada sonido identificado correctamente.

95. ¿SABES QUÉ LUGAR ES ESTE?

¿Qué tan bien los chicos y chicas conocen su ciudad, su iglesia o su escuela? Tienen ojos, pero... ¿pueden ver? Usa una cámara para tomar fotos de lugares que ellos ven todos los días, pero tómalas desde perspectivas un tanto diferentes. Por ejemplo, toma una fotografía desde el interior de una pizzería local, mirando hacia fuera. Busca algunos lugares un poco borrosos. Saca algunas fotos que sean difíciles 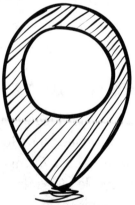 de identificar. Imprímelas o descárgalas en una laptop. Coloca todas las fotos mesa la vista y enuméralas. Entrégale una hoja de papel a cada jugador y déjalos que traten de adivinar de dónde es cada foto y desde donde la tomaste. Entrégale un regalo al ganador y ten a la mano tu celular para sacarle una foto al ganador con su regalo y al grupo.

96. CRISIS DE IDENTIDAD

Aunque puedes jugar este juego en cualquier momento, es especialmente apropiado al final de una actividad en la que haya comida. Varias horas antes de la actividad, coloca media docena de frutas y verduras diferentes (bananas, toronjas, naranjas, berenjenas, etc.) en un procesador de alimentos, mézclalos y déjalos allí hasta el final de la fiesta. Luego, sirve la extraña mezcla a los representantes de cada equipo, pídeles que la prueben y adivinen cuáles son los ingredientes que utilizaste.

97. LOCURA DE PELÍCULAS

Reparte una tarjeta 7x12 centímetros (3x5 pulgadas) a cada chico o chica en el grupo y pídeles que escriban en ella el nombre de una película, programa de televisión o comercial. Los jugadores no deben ver lo que escriben sus compañeros. Recoge las tarjetas. Ahora divide el grupo en equipos de cuatro a cinco jugadores (también puedes incluir a los adultos presentes) y pídeles que saquen una tarjeta del paquete que tienes en la mano. Luego los equipos toman de tres a cinco minutos para planificar una escena de la película, el programa de televisión o

el comercial que
escogieron. Después
de reunir otra
vez a todos los
grupos, dile a cada
uno que haga su
presentación. Los
otros equipos deben
adivinar de qué
película se trata; no
deben decir nada

hasta el grupo termine su presentación. Para añadir
más diversión, graba la noche en video, edítalo y
luego muéstralo en tu próxima noche de ver películas.

98. ¿A QUÉ TE DEDICAS?

En este juego los participantes escogen una de varias
tarjetas que describen un oficio o una profesión,
y contestan
preguntas de sí
o no del resto
del grupo. Divide
el grupo en tres
equipos iguales.
Cada equipo debe
enviar a uno de
sus jugadores al

frente, quien elegirá una tarjeta en la que aparece el

nombre de un oficio o profesión. Cada jugador debe tomar un turno. El líder debe establecer un orden y un límite de preguntas por cada turno. El resto del grupo debe hacerle al jugador

preguntas que se contesten con sí o no. El jugador siempre debe contestar con la verdad. El equipo que logre adivinar primero de qué profesión se trata, gana un punto. Si el equipo que adivina es el del jugador de turno, entonces recibe dos puntos. Cuando estés escribiendo las tarjetas de las profesiones, piensa en algunas que sean comunes y otras un tanto difíciles. Aquí van algunas sugerencias: agente secreto, guardacostas, instalador de alfombras, jardinero, peluquera, caricaturista, reparador de máquinas de refrescos, entrenador de fútbol, etc. Es una buena idea que incluyas en la tarjeta algunas características de la profesión para que el jugador pueda contestar con más seguridad (¡pues sabe a qué se dedica!). De todas maneras, encontrarás algunos jugadores que no tienen idea de qué es lo que hace, por ejemplo, un deshollinador, así que ayúdales con las respuestas.

99. ¡A LA CAZA DE SALMOS!

Esta actividad te puede servir de introducción para un estudio bíblico o cualquier tipo de discusión sobre un tema. El objetivo de «Caza de salmos» es encontrar la mayor cantidad de himnos relacionados con cierto tema en un tiempo asignado.

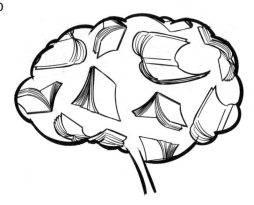

Divide el grupo en tres equipos iguales. Entrégales los siguientes materiales: varias hojas de papel, lápices y algunas Biblias (también se puede usar la app en el celular). De la manera más rápida que puedan, los jóvenes tienen que recordar todos los salmos posibles relacionados a tu tema. Si el tema es amor, tienen que encontrar salmos que hablen de amor o tengan la palabra «amor» en el título o alguno de sus versos.

Al explicar las reglas, no olvides mencionar:

- Pueden buscar en cualquier parte del salmo (título o letra).

- Deben escribir el título y la página del salmo que elijan.

- Dependiendo del tamaño del grupo, algunos pueden escribir mientras los demás buscan los salmos.

- El límite de tiempo para la búsqueda es de tres minutos.

- La puntuación se otorgará de la siguiente manera:

  » Si amor es la primera palabra en el título: 1 punto.

  » Si amor es la última palabra en el título: 2 puntos

  » Si amor es parte del título, pero no es ni la primera ni la última palabra: 3 puntos

  » Si se habla de amor, pero no se usa específicamente: 3 puntos

  » Si amor aparece en uno de los versos, pero no en el título: 5 puntos

  » El equipo con más puntos será el ganador.

Variante: para añadir dificultad, los equipos deben eliminar de sus listas los salmos que otros grupos hayan mencionado. Otorga suficiente tiempo para que los grupos puedan preparar una sola lista por equipo. Discute los hallazgos de los grupos y las puntuaciones finales.

Otra variante: Quizás puedan sacar captura de pantalla del salmo que encontraron y luego armar un collage con las imágenes.

100. DOBLE MENSAJE

Este es un juego que no conlleva ninguna actividad atlética, por lo que ofrecerá una magnífica oportunidad para destacarse a tus chicos más tranquilos y callados. Divide el grupo en varios equipos. El objetivo del juego es tomar una oración corta y sencilla, y reescribirla hasta formar una lo más larga y elaborada posible. Por ejemplo, un grupo cambió la oración «Mira, el perro corre» y la transformó en: «Observa con cuidado como el amigable y domesticado canino, Lobo, usa su aparato locomotor para lograr una aceleración  que lo lleve rápidamente de un sitio a otro». Lee una oración corta en voz alta y dales un tiempo límite para trabajar en la traducción, luego pídele a cada grupo que lea su oración al resto del grupo. Te sorprenderás con los resultados y serán divertidísimos. El equipo con la oración más larga es el ganador.

Variante: Dales a los grupos diferentes oraciones cortas. Cada equipo la convierte en una oración larga. Un jugador les lee la versión larga a todos y los otros equipos tratan de adivinar cuál era la versión corta.

Usa esta actividad para conversar con los estudiantes acerca de lo siguiente: «¿Cómo es que nuestras mentes interfieren a veces para que entendamos lo que Dios tiene que decirnos?». «Estamos en el tiempo de internet y el acceso limitado a la información, sin embargo, ¿podemos decir que más siempre es mejor?». Concluye con Proverbios 3:5: «Confía en el Señor de todo corazón, y no en tu propia inteligencia». Pregúntales «¿Podemos pedirle a Dios que nos clarifique las cosas? ¿Cómo podemos hacer esto?».

MIS IDEAS

MIS IDEAS

5 trampolines
de creatividad

1. DERROCHA GRACIA ✝ = ♡

2. CUIDA LOS DETALLES

3. MODELA ESFUERZO

4. TRABAJA EN EQUIPO

5. SÉ VALIENTE

derrocha GRACIA

Una de las razones principales de por qué suele faltar creatividad en muchos grupos de personas de todo tipo es porque quienes son parte de ellos no perciben que hay espacio para el error. Es decir, todos tienen temor a equivocarse y que se los regañe o que se burlen de ellos y eso coarta la expresión y la creatividad. El temor es uno de los principales enemigos de la creatividad y el único antídoto contra el temor es el amor incondicional y la gracia que echan fuera el temor a expresarnos.

Enséñales a tus jóvenes que entre los cristianos podemos «equivocarnos en confianza» y algo puede salir mal y no es ninguna tragedia.

A distintos roles distintas reglas y el ministerio de nuevas generaciones no es el lugar para que todo sea profesional y salga bien, sino que debe ser un refugio para que el perfume de la gracia haga que cualquier mal olor pase desapercibido.

La gracia es el primer y más poderoso trampolín para la creatividad de tu grupo.

Cuida los Detalles

Seguramente escuchaste por ahí que hay que hacer las cosas con excelencia, pero no muchos explican que eso no quiere decir que las cosas sí o sí tienen que ser perfectas ni tampoco se suele señalar que la excelencia se crea con pequeños detalles y no necesariamente los más vistosos. Por ejemplo: demasiados líderes ponen toda su atención en lo que sucede en el escenario, pero no en lo que sucede en la entrada al saludar a los que recién llegan y ambas cosas tienen un impacto poderoso.

Siempre piensa en cada detalle de lo que sucede en tu ministerio y presta atención a lo que aparentemente nadie ve.

Modela el Esfuerzo

Liderar es un privilegio que se gana sirviendo y los mejores líderes no le piden nada a sus liderados que ellos no estén dispuestos hacer. Claro que eso no significa que tú tienes que hacer todo, pero sí significa que cuando les pides algo no es por comodidad o porque consideras que tú eres demasiado importante como para hacer esa tarea. Muestra esfuerzo y ellos se esforzarán. Muestra compromiso y ellos se comprometerán.

Trabaja en Equipo

Si un ministerio depende de una sola persona es un ministerio débil, no importa cuántos asistentes haya en ese grupo. Cualquier tipo de éxito será aparente y pasajero. El verdadero éxito tiene que ver con fidelidad a una misión y la misión de un ministerio cristiano es el discipulado que acompaña a la madurez en Cristo y por eso en casi todas las ideas de este libro damos a entender que es fundamental que los participantes sean los protagonistas del ministerio y no solamente el público de un gran líder.

Trabaja en equipo con ellos, con otros líderes que sean buenos para lo que tú no eres bueno. Suma padres e incluso abuelos y apoya a otros ministerios de la iglesia. Dios nos hizo para vivir en comunidad y la calidad de tus relaciones es la verdadera calidad de tu vida.

Sé Valiente

Tus jóvenes y tu equipo se animarán a practicar la fe en la medida en que la vean en acción en tu vida. Demasiados ministerios se estancan porque, aunque tienen líderes que son buenas personas y tienen buenas intenciones, son líderes demasiado preocupados por la crítica o el fracaso o tienen un apetito exagerado por agradar a todo el mundo. Juégatela y se la jugarán quienes te siguen. Anímate a equivocarte y a ser criticado y ellos se animarán también. Equivocarse no es sinónimo de pecar. A veces las cosas salen mal pero nunca sabremos si funcionan si no probamos.

Los que hay que hacer es medir costos y si el costo es simplemente que alguien piense que te equivocaste, ¿qué importa? La historia no la escriben los que saben hacer las cosas sino quienes las hacen.

ALGUNAS PREGUNTAS QUE DEBES RESPONDER:

¿QUIÉN ESTÁ DETRÁS DE ESTE LIBRO?

Especialidades 625 es un equipo de pastores y siervos de distintos países, distintas denominaciones, distintos tamaños y estilos de iglesia que amamos a Cristo y a las nuevas generaciones.

e625.com

¿DE QUÉ SE TRATA E625.COM?

Nuestra pasión es ayudar a las familias y a las iglesias en Iberoamérica a encontrar buenos materiales y recursos para el discipulado de las nuevas generaciones y por eso nuestra página web sirve a padres, pastores, maestros y líderes en general los 365 días del año a través de **www.e625.com** con recursos gratis.

zona de contenido
PREMIUM

¿QUÉ ES EL SERVICIO PREMIUM?

Además de reflexiones y materiales cortos gratis, tenemos un servicio de lecciones, series, investigaciones, libros online y recursos audiovisuales para facilitar tu tarea. Tu iglesia puede acceder con una suscripción mensual a este servicio por congregación que les permite a todos los líderes de una iglesia local, descargar materiales para compartir en equipo y hacer las copias necesarias que encuentren pertinentes para las distintas actividades de la congregación o sus familias.

¿PUEDO EQUIPARME CON USTEDES?

Sería un privilegio ayudarte y con ese objetivo existen nuestros eventos y nuestras posibilidades de educación formal. Visita **www.e625.com/Eventos** para enterarte de nuestros seminarios y convocatorias e ingresa a **www.institutoE625.com** para conocer los cursos online que ofrece el Instituto E 6.25

¿QUIERES ACTUALIZACIÓN CONTINUA?

Regístrate ya mismo a los updates de **e625.com** según sea tu arena de trabajo: Niños- Preadolescentes- Adolescentes- Jóvenes.

¡APRENDAMOS JUNTOS!

DESCUBRE EL NUEVO SITIO DEL INSTITUTO E625

Y lleva tu ministerio al siguiente nivel.

www.InstitutoE625.com

Escanéa el código para ver más

¡SUSCRIBE A TU MINISTERIO PARA DESCARGAR LOS MEJORES RECURSOS PARA EL DISCIPULADO DE LAS NUEVAS GENERACIONES!

Lecciones, bosquejos, libros, revistas, videos, investigaciones y mucho más

e625.com/premium

ZONA DE CONTENIDO
PREMIUM

Sigue en todas tus redes a:

/e625COM

SÉ PARTE DE LA MAYOR COMUNIDAD DE EDUCADORES CRISTIANOS